经济高质量发展下"脱僵企业"返僵风险动态预警及"阻返"机制研究

曾　皓　著

中国农业出版社

北　京

　　本书受到教育部人文社会科学研究青年基金项目"经济高质量发展下'脱僵企业'返僵风险动态预警及'阻返'机制研究"(21YJC630003)的资助。

前 言

FOREWORD

　　近些年来，我国的经济发展方式、经济结构、经济增长动力发生着深刻变革，我国经济已由高速增长阶段转向高质量发展阶段。党的二十大报告指出，高质量发展是全面建设社会主义现代化国家的首要任务，要坚持以推动高质量发展为主题，推动经济实现质的有效提升和量的合理增长。因此，妥善处置僵尸企业成为经济高质量发展的一条必由之路，即使面临经济下行压力，中央依然将处置僵尸企业作为经济领域的重点工作。虽然我国对僵尸企业进行脱僵的处置取得了一定成效，但这一过程也带有明显的行政主导倾向。对僵尸企业的复活重数量而轻质量，不仅会导致僵尸企业整体的处置效果较差，还会导致出现僵尸企业脱僵后一段时间又返僵的现象。社会各界在处置僵尸企业过程中已经投入了相当程度的资源，若任由已经恢复正常的僵尸企业在之后一段时间又返僵，既会侵蚀已经取得的成果，又会严重阻碍经济持续健康发展，这不符合经济高质量发展的应有之义。因此，针对僵尸企业脱僵后一段时间又返僵的现象应当引起社会各界强烈关注。

　　然而，现有关于僵尸企业演化问题的研究较少，研究逻辑多遵循僵尸企业"从无到有"的单向发展方向，对僵尸企业脱僵，脱僵后返僵的动态过程缺乏探讨。此外，相应的研究结论多是用于指导僵尸企业治理，对僵尸企业脱僵后返僵的现象缺乏事前预警，难以从源头上遏制返僵企业的出现，这对我国防范原有僵尸企业再生、巩固僵尸企业处置成果造成较大负面影响。为了弥补现有缺陷，本书在我国经济高质量发展的背景下，跟踪关注我国僵尸企业处置效果，以"脱僵企业"返僵风险为切入点，系统研究"脱僵企业"返僵风险动态预警问题，探索"脱僵企业"的演化规律，明确"脱僵企业"返僵的影响因素，在此基础上有针对性地构建阻止"脱僵企业"返僵的系统性机制。

　　本书共分为7章。第1章，绪论。提出本书的研究背景与研究问题，阐述研究的理论意义与实际意义，概述研究思路与涉及的研究方法，总结本书研究内容以及创新之处。第2章，相关文献综述。通过梳理僵尸企业的识别与特征、僵尸企业的成因、僵尸企业的危害、僵尸企业的处置、僵尸企业的演化、僵尸企业的预警等相关文献，进而分析现有研究的不足，并指出本书的边际贡献。第3章，"脱僵企业"返僵风险动态预警理论研究。通过概念界定明晰本书核心概念的含义，并以此为基础阐述"脱僵企业"动态演化特征以及动态演化生命周期，之后基于预警理论构建"脱僵企业"返僵风险动态预警理论框架。该理论框架为后续章节的撰写提供了理论支撑。第4章，"脱僵企业"返僵风险动态预警指标体系研究。首先，梳理了本书指标选取的理论和原则；然后，在明确僵尸企业基本特征的基础上，确定了僵尸企业、"脱僵企业"、返僵企业的精准识别方案；最后，根据僵尸企业造血性、输血性、时间持续性的核心特征构建预警输入指标体系，并通过计算僵尸状态指数构建预警输出指标体系。第5章，"脱僵企业"返僵风险动态预警模型构建研究。首先设计符合遗传算法和BP神经网络特征的预警建模流程；之后对训练样本和检验样本进行划分，并基于僵尸状态指数对预警阈值进行计算，根据计算结果来划分警度；最后进行预警模型的训练、验证和分析。第6章，"脱僵企业"的"阻返"机制研究。基于"外部—内部—内外互动"视角总结"脱僵企业"返僵的主要原因，并具体从市场竞争、组织韧性、政企关系三个层面出发，结合理论推导和实证检验，对"脱僵企业"返僵影响因素的作用方向、力度、条件异质性进行分析，并根据分析结果，构建具体的阻止"脱僵企业"返僵的系统性机制。第7章，结论与展望。本章对前文研究结论进行深入分析、合理归纳，形成汇总性的研究结论及研究启示，并对未来研究方向进行了展望。

本书的基本研究结论包括：第一，僵尸企业具有其独特的生命周期，"脱僵企业"逻辑上属于该生命周期的一环，并且僵尸企业动态演化过程具有可逆性，其可以通过改善管理等方式消除弊病、扭转颓势。第二，预警指标体系由预警输入指标和预警输出指标构成，其中，预警输入指标是预警活动中的警兆，是追踪预测"脱僵企业"未来是否会重新返僵的信息源头。预警输出指标是指预警活动中的警示程度，通过合成综合指数的方法进行量化，用来反映"脱僵企业"返僵风险。第三，所建立的"脱僵企业"返僵风险动态预警模型突破了传统二分类预警研究，不仅可以判断"脱僵企业"是否返僵，还可以评估"脱僵企业"返僵的风险大小，优化了仅对样本企业划分为"是-否"二元变量的模糊状态，这有利于向模型使用者提供更多有用信息。第四，在把握"脱僵企业"返僵风险及其重要影响因素基础上，可以通过强化市场竞争、增强组织韧性、建立"亲上加清"政企关系三重机制阻止"脱僵企业"返僵。

本书存在三方面的创新之处：第一，提出"脱僵企业"动态演化相关概念。本书通过将企业生命周期理论嵌入"脱僵企业"动态演化，指出僵尸企业僵尸化状态的轻重变化，即形成轻度僵尸化困境、中度僵尸化困境、重度僵尸化困境。除此之外，企业僵尸化困境的动态过程还具有可逆性。僵尸企业也可以通过改善管理等方式消除弊病、扭转颓势，因此其还存在恢复期。只不过僵尸企业恢复健康的难度随着其陷入僵尸化困境的程度而不断增加。本书提出了"脱僵企业"动态演化相关概念，并进行了相应的逻辑分析，这对僵尸企业的深入研究具有一定启示意义。第二，剖析"脱僵企业"返僵风险预警的内在逻辑。本书在预警理论的基础上，从预警一般性步骤的角度提出"脱僵企业"返僵风险动态预警理论框架，为明确"脱僵企业"的精准识别方案及演化规律、构建"脱僵企业"返僵风险预警指标体系、建立"脱僵企业"

返僵风险预警模型、构建系统性"阻返"机制提供了逻辑依据，以此增强对经济高质量发展下"脱僵企业"返僵风险的研究。第三，实现"脱僵企业"返僵风险动态预警的可操作化过程。本书通过引入遗传算法-BP神经网络构建"脱僵企业"返僵风险动态预警模型，并以此为工具实现"脱僵企业"返僵风险多阶段动态预警。

曾　皓

2024 年 7 月

目 录
CONTENTS

第1章 绪 论

1.1 研究背景

党的十九大报告明确提出以供给侧结构性改革为主线，推动经济发展质量变革、效率变革、动力变革。党的二十大报告指出，高质量发展是全面建设社会主义现代化国家的首要任务，要坚持以推动高质量发展为主题，推动经济实现质的有效提升和量的合理增长。目前我国经济处于高质量发展阶段，需要在质量效益明显提升的基础上实现经济持续健康发展。在这之中，妥善处置僵尸企业既是供给侧结构性改革的"牛鼻子"，也是经济高质量发展的前提条件之一。因此即使面临经济下行压力，中央依然将处置僵尸企业作为经济领域的重点工作。针对僵尸企业处置方式，中央鼓励多兼并重组，少破产清算。各级地方政府基于政绩考核、稳定就业等方面的压力，也会有强烈动机帮助僵尸企业脱僵。

虽然我国对僵尸企业进行脱僵的处置取得了一定成效，但这一过程也带有明显的行政主导倾向。对僵尸企业的复活重数量而轻质量，不仅导致僵尸企业整体的处置效果较差，还会导致出现僵尸企业脱僵后一段时间又返僵的现象。"脱僵企业"是指曾经是僵尸企业，经处置后未出清且不再满足僵尸企业认定标准的企业。这类企业理论上属于正常企业，但仍有以下三种情况：①行政化主导的僵尸企业清理，导致许多企业带病脱僵。僵尸企业处置效果不佳、效率偏低，且未形成长效政策规划。②企业能力缺失，短期内实现脱僵。但由于企业市场风险应对能力存在先天性匮乏，所以依然存在返僵的内在条件。③由于存在政府、企业等主体各有诉求，相互间的利益冲突会产生多主体协同治理困境等，所以会导致这些企业重新成为僵尸企业的风险高于一般正常企业，需要予以特别关注。

以上市公司为例，经本书初步测算，在 FN-CHK 识别方案下，2007—2023 年僵尸企业脱僵成为正常企业后又重新返僵的样本占到全样本的 4%。可以预料，在业绩更为一般的非上市公司样本中，这个比例将会更高。由于社会各界在处置僵尸企业过程中已经投入了相当程度的资源，若任由已经恢复正常的僵尸企业在之后一段时间又返僵，既会侵蚀已经取得的僵尸企业处置成果，又会严重阻碍经济持续健康发展，这就不符合经济高质量发展应有之义。因此针对僵尸企业脱僵后一段时间又返僵的现象应当引起强烈关注。鉴于理论界和实务部门对该现象的关注相对较少，本书在我国经济高质量发展的背景下，跟踪关注我国僵尸企业处置效果，以"脱僵企业"返僵风险为切入点，系统研究"脱僵企业"返僵风险动态预警问题，探索"脱僵企业"的演化规律，明确"脱僵企业"返僵的影响因素，在此基础上有针对性地构建阻止"脱僵企业"返僵的系统性机制。

1.2 研究意义

1.2.1 理论意义

本书提出了"脱僵企业"动态演化相关概念，剖析了"脱僵企业"返僵风险预警的内在逻辑，提供了"脱僵企业"返僵风险预警的理论框架，在此基础上对"脱僵企业"的演化规律及其返僵的风险测度、风险预警、风险影响因素、风险防范进行分析，弥补了学界对"脱僵企业"返僵风险预警的研究不足。这将有助于学界深化对僵尸企业脱僵后一段时间又返僵这一新经济现象的认识，并有力推进关于"脱僵企业"返僵风险和经济供给侧结构性改革的理论研究。

1.2.2 实践意义

当前阶段亟需巩固僵尸企业处置成果，本书针对我国僵尸企业处置过程中出现的问题，建立了"脱僵企业"返僵风险动态预警模型和相应的"阻返"机制。这对于我国防范原有僵尸企业再生，巩固僵尸企业处置成果，提升企业高质量发展水平，实现经济持续健康发展具有较大实际应用价值。

1.3　研究思路与方法

1.3.1　研究思路

本书的研究目标主要有三个方面：一是在理论层面明确"脱僵企业"返僵的识别条件，并建立"脱僵企业"返僵风险预警理论框架；二是在实证层面构建"脱僵企业"返僵风险预警指标体系，并选用高性能优化类的机器学习方法建立及检验"脱僵企业"返僵风险动态预警模型；三是在应用层面对"脱僵企业"返僵的影响因素进行相应分析，为制定科学可行的阻止"脱僵企业"重新成为僵尸企业的"阻返"机制提供参考依据。

为了实现上述研究目标，本书遵循"构建理论框架—精准识别样本—设计指标体系—建立预警模型—构建'阻返'机制"的研究思路进行写作，具体而言：

①构建理论框架。将风险预警研究的基本范式、"脱僵企业"相关的理论研究和实证分析整合到一个理论框架中，为本书各项研究内容提供系统性的分析基础。

②精准识别样本。在已有研究基础上，汇总各方观点，结合我国实际情况，凝练出五重困境视角下的僵尸企业识别方案，阐释其理论及现实含义，并在此基础上识别"脱僵企业"与返僵企业，深入探究"脱僵企业"演化规律，为确定建模样本提供量化基础。

③设计指标体系。综合运用文献研究、理论分析、专家咨询等方法设计"脱僵企业"返僵风险预警指标。预警指标包含预警输出指标与预警输入指标两个层面，分别代表"脱僵企业"未来返僵风险的大小程度（警度）与"脱僵企业"未来发展走向的历史征兆（警兆）。

④建立预警模型。在对样本进行相应处理后，对预警建模工作流程进行设计，运用遗传算法－BP 神经网络建立"脱僵企业"返僵风险动态预警模型，并对预警模型的性能进行检验。

⑤构建"阻返"机制。利用多元回归模型、双重差分模型分析不同影响因素对"脱僵企业"返僵的作用方向和力度，研究不同条件下发生返僵事实的条件异质性。根据以上分析结果，并在相应理论的支撑下，有针对性地构

建阻止"脱僵企业"返僵的系统性机制。

1.3.2 研究方法

研究方法是指在客观世界中学习并掌握规律的工具和手段。研究方法的应用可以使对某项规律的认知从无发展到有，从粗略发展到精细。本书研究方法服务于研究选题的解决，坚持系统观念，全局谋划，整体解决。综合运用文献研究、理论分析、计量分析、机器学习、规范研究等方法，可以针对性地解决相关问题。本书在具体实施过程中涉及的主要研究方法包括：

①文献研究法。文献研究法是指利用各种途径对与研究主题有关的资料文献进行收集、梳理、归纳、评述，从而总结研究主题有关进展、概念、逻辑、体系等信息以及发掘现有研究不足的方法。本书拟应用文献研究法明确预警活动一般步骤组成逻辑，梳理国内外僵尸企业识别和处置的研究动态，辅助构建"脱僵企业"返僵风险预警指标体系。

②理论分析法。理论分析法是指在现有理论或文献的基础上通过归纳演绎、抽象概括、分析综合、逻辑推演等方式认识事物之间联系和规律的研究方法。对理论的正确掌握可以避免方向性的错误，本书拟应用理论分析法建立"脱僵企业"返僵风险预警理论框架，并构建"脱僵企业"返僵风险预警指标体系。

③计量分析法。计量分析法是指利用统计手段对不同经济变量之间的关系做出数值估计的一种定量分析方法。本书拟应用多元回归模型、双重差分模型、调节效应分析对"脱僵企业"返僵影响因素的作用方向、力度、条件异质性进行验证。

④机器学习法。机器学习法是指计算机基于特定规则，利用大量经验数据进行规律总结，从而改善系统自身性能的一种人工智能方法。本书拟应用遗传算法－BP神经网络建立"脱僵企业"返僵风险动态预警模型。

⑤规范研究法。规范研究法是指基于特定目标或理论对行为主体的行为结果以及产生相应结果的制度进行归纳总结的方法。本书拟应用规范研究法构建"脱僵企业"的"阻返"机制。

1.4　研究结构与内容

本书在已有研究的基础上，结合我国经济高质量发展需求，以我国上市公司为研究样本，进行了经济高质量发展下"脱僵企业"返僵风险动态预警及"阻返"机制研究。本书共分为 7 章，主要研究内容如下：

第 1 章是绪论。主要阐述本书的研究主题，具体内容包括提出研究背景与研究问题、阐述本书研究的理论意义与实际意义、概述研究思路与涉及的研究方法、总结本书研究内容、绘制研究框架、提出本书的研究特色以及创新之处。

第 2 章是相关文献综述。考虑到"脱僵企业"源于僵尸企业，国内外学界尚未出现"脱僵企业"这一名词称谓，因此围绕僵尸企业预警这一研究主题，搜集、梳理与研究主题相关的学术文献，阐述僵尸企业的识别与特征、僵尸企业的成因、僵尸企业的危害、僵尸企业的处置、僵尸企业的演化、僵尸企业的预警的相关研究结论，在文献梳理的基础上分析现有研究的不足，并指出本书的边际贡献。

第 3 章是"脱僵企业"返僵风险动态预警理论研究。首先通过对"脱僵企业"相关概念进行界定，以明晰本书核心概念的含义。然后对"脱僵企业"动态演化特征进行分析，并绘制"脱僵企业"动态演化生命周期。最后构建"脱僵企业"返僵风险动态预警理论框架。理论框架的构建，为后续的"脱僵企业"返僵风险动态预警指标体系研究、"脱僵企业"返僵风险动态预警模型研究、"脱僵企业"的"阻返"机制研究提供了理论依据。

第 4 章是"脱僵企业"返僵风险动态预警指标体系研究。首先基于前述章节的理论分析，梳理了本书指标选取的理论和原则。然后在明确僵尸企业基本特征的基础上，确定识别僵尸企业的具体指标，并以僵尸企业的识别为基准，进一步识别"脱僵企业"和返僵企业。最后根据僵尸企业造血性、输血性、时间持续性等核心特征构建预警输入指标体系，并通过计算僵尸状态指数构建预警输出指标体系。

第 5 章是"脱僵企业"返僵风险动态预警模型构建研究。基于前述理论和指标体系，使用我国上市公司数据来构建"脱僵企业"返僵风险动态预警模型。首先在详细阐述方法原理的基础上，设计符合遗传算法和 BP 神经网络特征的预警建模流程；之后对训练样本和检验样本进行划分，并基于僵尸状态指数对预警阈值进行计算，根据计算结果来划分警度；最后在做好上述准备后进行预警模型的训练、验证和分析。

第 6 章是"脱僵企业"的"阻返"机制研究。基于"外部—内部—内外互动"视角总结"脱僵企业"返僵的主要原因，针对"脱僵企业"返僵的原因，从市场竞争、组织韧性、政企关系三个层面构建系统性的"阻返"机制。在此基础上，结合理论推导和实证检验，对"脱僵企业"返僵影响因素的作用方向、力度、条件异质性进行分析，并根据分析结果，构建具体的阻止"脱僵企业"返僵的系统性机制。

第 7 章是结论与展望。对全书进行总结，指出本书完善了僵尸企业演化周期及预警理论框架、构建了"脱僵企业"返僵风险预警指标体系、建立了"脱僵企业"返僵风险动态预警模型，以及提出了"脱僵企业"返僵风险"阻返"机制，并根据书中的研究结论提出了研究启示。

根据前述拟进行的研究思路、研究内容以及研究方法，本书绘制了研究框架图，具体见图 1.1。

1.5 可能的创新点

本书可能存在以下三个方面的创新之处：

①提出"脱僵企业"动态演化相关概念。虽然僵尸企业是官方和学界曾经关注的重点话题，在这个领域也形成了较多资料文献，但是现有研究对僵尸企业演化问题研究较少，且研究逻辑认为僵尸企业将遵循"从无到有"的单向发展方向，对僵尸企业脱僵，脱僵后返僵的动态反复过程缺乏探讨。本书通过将企业生命周期理论嵌入"脱僵企业"动态演化，指出僵尸企业僵尸化状态的轻重变化，即形成轻度僵尸化困境、中度僵尸化困境、重度僵尸化困境。除此之外，企业僵尸化困境的动态过程具有可逆性。僵尸企业也可以通过改善管理等方式消除弊病、扭转颓势，因此其还存在恢复期。只不过僵尸企业恢复健康的难度随着其陷入僵尸化困境的程度而不断增加。本书提出了"脱僵企业"动态演化相关概念，并进行了相应逻辑分析，这对僵尸企业

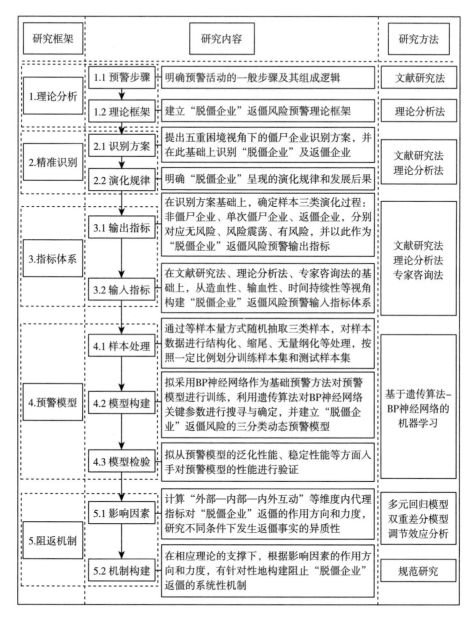

图 1.1　本书的研究框架

的深入研究具有一定启示意义。

　　②剖析"脱僵企业"返僵风险预警的内在逻辑。"脱僵企业"返僵风险预警是一个系统性工作，既涉及风险预警研究的基本范式，也涉及僵尸企业的理论研究和实证分析，因此需要将相关研究工作整合到一个理论框架中。

本书在预警理论的基础上，从预警一般性步骤的角度提出"脱僵企业"返僵风险动态预警理论框架，为明确"脱僵企业"的精准识别方案及演化规律、构建"脱僵企业"返僵风险预警指标体系、建立"脱僵企业"返僵风险预警模型、构建系统性"阻返"机制提供了逻辑依据，以此增强对经济高质量发展下"脱僵企业"·返僵风险的研究。

③实现"脱僵企业"返僵风险动态预警的可操作化过程。本书通过引入遗传算法－BP神经网络构建"脱僵企业"返僵风险动态预警模型，并以此为工具实现"脱僵企业"返僵风险多阶段动态预警。首先，通过对僵尸状态指数进行预警阈值计算，界定预警输出指标风险分界点，解决"脱僵企业"返僵风险动态预警中警度划分的量化问题。其次，基于造血性、输血性、时间性构造预警输出指标，使用滤波算法成功将时间演化因素纳入警兆体系，增加预警过程中的信息量。最后，将遗传算法和BP神经网络两种算法进行整合，并设计一套行之有效的数据处理流程，提高了"脱僵企业"返僵风险动态预警模型的构建效率，并实现具体操作过程。

第 2 章　相关文献综述

"脱僵企业"源于僵尸企业，国内外学界尚未出现"脱僵企业"这一名词称谓，主要针对的还是僵尸企业的相关研究，且形成了较为丰富的研究成果，梳理文献发现有以下与主题相关的研究视角。

2.1　僵尸企业的识别与特征

2.1.1　僵尸企业的识别

僵尸企业的识别是研究僵尸企业问题的起点。僵尸企业这一学术名词最早由美国经济学家 Kane 于 1987 年提出，用以表示那些依靠外部援助生存，并影响正常企业健康发展的不良企业（Kane，1987）。Caballero 等（2008）把对僵尸企业问题的研究带到了一个新的高度，他们创造性地提出了一种明确的僵尸企业识别方法，他们也没有从企业的生产率和收益率角度去定义僵尸企业，而是通过比较企业参与正常市场竞争时应当支付的最低利息与实际利息的差额来判断其是否为僵尸企业。由于 Caballero、Hoshi 和 Kashyap 三位作者的姓名首字母分别为 C、H、K，因此学界称这种识别方法为 CHK 标准，而 CHK 标准的出现也带动了僵尸企业量化识别的兴起。目前国内外学界提出了大量的僵尸企业识别标准，其中最为常见的识别标准有 14 种。本书对其进行了梳理，具体见表 2.1。

表 2.1　学界常见的僵尸企业识别标准

文献来源	识别标准
Kane（1987）	同时满足三个条件：资不抵债，获取了外部金融机构保险，持续存在

（续）

文献来源	识别标准
Peek 和 Rosengren（2005）	多维财务指标向量
Caballero 等（2008）	计算每家企业当年利息支付下限 R^*，将实际利息支付 $R_{i,t}$ 和利息支付下限 $R_{i,t}^*$ 进行标准化，计算利率缺口，小于 0 则识别为僵尸企业
Caballero 等（2008）	利用模糊集合理论将企业的僵尸化程度用区间 ［0，1］ 表示，越接近 1，说明企业的僵尸化程度越高
Fukuda 和 Nakamura（2011）	在 CNK 标准识别出僵尸企业的基础上考虑盈利能力标准和常青借贷标准
Hoshi 和 Kim（2012）	同时满足低盈利高负债（FES）和能够从债权人处获得援助（BH）两个条件
Kwon 等（2015）	同时满足财务支持标准和破产标准两个条件
Banerjee 和 Hofmann（2018）	同时满足三个条件：企业利息保障倍数至少连续 3 年小于 1；至少成立了 10 年；总资产市值与托宾 Q 之比低于其所在行业任意一年的中位数
聂辉华等（2016）	如果一个企业在 t 年和 $t-1$ 年都被 FN-CHK 标准识别为僵尸企业，那么该企业在 t 年被识别为僵尸企业
朱鹤和何帆（2016）	满足下列条件之一：（最优利率支付－实际支付）/借款总额大于 0；（最优利率支付－实际支付＋政府补贴＋税收返回＋税收减免）/借款总额大于 0；（净利润－非经常性损益）小于 0；（净利润－政府补贴－税收返还－税收减免）小于 0；当年资产负债率排名前 30%、当年外部融资规模超过上年、（净利润－非经常性损益）均小于 0
张栋等（2016）	根据 CHK 标准中的相关指标将企业初步认定为僵尸企业、僵尸性企业和非僵尸企业，再根据盈利指标、贷款指标对僵尸企业进行修正；考察僵尸企业扣除政府补助后的净利润指标，判断政府补助依赖度，对僵尸性企业进行修正；考察非僵尸企业和僵尸性企业扣除非经常性损益后的税前利润、扣除政府补助后的净利润等指标，可以判断企业自身造血能力及政府补助依赖度，对僵尸性企业进行修正
李霄阳和瞿强（2017）	信贷补贴类僵尸企业包括三种认定标准：CHK 标准、FN-CHK 标准、KNN 标准；经营不善类僵尸企业包括四种认定标准：持续亏损标准、营业外收入调整的持续亏损标准、潜在连续亏损标准、证监会特别处理标准
黄少卿和陈彦（2017）	对连续三年扣除补贴后实际利润总额进行平滑计算，分别加总 $t-2$ 至 t 年、$t-1$ 至 $t+1$ 年、t 至 $t+2$ 年的实际利润总额，若以上三个总和有一个小于 0，则该企业在 t 年被识别为僵尸企业
栾甫贵和赵磊蕾（2017）	若企业的输血率超过 100%，则识别为僵尸企业。其中，输血率＝（当年银行借款总额＋当年收到政府补助总额）/当年经营活动现金流出总额

资料来源：作者自己整理。

2.1.2　僵尸企业的特征

由于国内识别僵尸企业的数据来源、样本期间、方案等存在不同，所以僵尸企业各项特征也可能存在一定差异，但整体的趋势基本一致。本小节对我国僵尸企业的指标特征、属性特征、时空特征进行了梳理。

（1）僵尸企业的指标特征

僵尸企业的指标特征主要包括国内学界经常探讨的盈利能力、生产效率、杠杆率等指标。从整体来看，由于小型企业抗风险能力差，所以僵尸企业更多的是小型企业。而僵尸企业的盈利能力、生产效率等远低于正常企业，但杠杆则高于正常企业。聂辉华等（2016）利用中国工业企业数据库根据国家统计局标准将企业按企业规模划分为大型企业、中型企业、小型企业3 类，结果发现，2005—2014 年，大型企业和中型企业的僵尸企业占比最高，但由于基数比较小，僵尸企业数量最多的还是小型企业。谭语嫣等（2017）利用 1998—2013 年中国工业企业数据库进行研究，发现僵尸企业的平均利润率为－0.029、资产回报率为－0.016、资本生产率为 1.211、劳动生产率为 5.112，远低于非僵尸企业的相应指标数值（平均利润率 0.058、资产回报率 0.148、资本生产率 1.892、劳动生产率 5.728）。王万珺和刘小玄（2018）利用 1998—2012 年中国工业企业数据进行研究，发现僵尸企业平均资产负债率达到 78.84%、平均销售利润率低至－26.79%、平均劳动生产率低至－0.474 2，与非僵尸企业的平均资产负债率 51.78%、平均销售利润率 4.04%、平均劳动生产率 0.142 6 差异明显。

（2）僵尸企业的属性特征

僵尸企业的属性特征包括产权属性与行业属性，整体上来看，国有企业中存在更多的僵尸企业，传统重工业中存在更多的僵尸企业。产权属性上，聂辉华等（2016）发现，2004 年以来，国有企业中僵尸企业的比例都最高，而民营企业和港澳台及外商企业中僵尸企业的比例相近，远低于国有企业中僵尸企业的比例。周琎等（2018）利用中国上市公司数据进行研究，发现2011—2016 年，平均有 8.23% 的国有上市公司成为僵尸企业，该比例是全样本的近 2 倍，是非国有企业的近 4 倍。卓越和王玉喜（2019）采用多种识别方案对 2000—2013 年我国工业企业中僵尸企业数量和比例进行统计，研究发现，就数量而言，不同识别方案下僵尸企业产权属性分布有所不同；而就占比而言，不同识别方案下，均是国企占比最高，外资企业次之，民企占比最少。行业属性上，聂辉华等（2016）发现，2013年僵尸企业占比最高的行业分别是钢铁、房地产、建筑装饰、商贸。周琎等（2018）发现，传统产业是僵尸企业的"重灾区"，僵尸企业占比最高的行业分别是黑色金属冶炼、造纸、石油加工、化学纤维制造。卓越和王玉喜（2019）研究发现，重工业行业的僵尸企业数量和占比相对而言更多。

（3）僵尸企业的时空特征

僵尸企业的时空特征包括僵尸企业的时间发展趋势与空间分布。整体而言，CHK标准下和FN-CHK标准下的僵尸企业时间发展趋势变化较为统一，在2012年之后在波动中略有下降，此外，西部地区僵尸企业占比相对更高，而东部地区僵尸企业数量相对更多。时间特征上，李晓燕（2019）采用多种识别方案对2007—2016年我国上市公司僵尸企业数量和比例进行统计，研究发现，CHK标准下我国上市僵尸企业数量变化范围为441~929个，占比变动范围为25.186%~57.381%，数量和占比最低的年度是2011年，最高的年度是2009年；CHK标准下我国上市僵尸企业数量变化范围为132~407个，占比变动范围为8.400%~17.430%，数量和占比最低的年度是2009年，最高的年度是2015年，但年度僵尸企业占比数据波动较大；FN-CHK标准下我国上市僵尸企业数量变化范围为221~545个，占比变动范围为11.416%~33.663%，数量和占比最低的年度是2011年，最高的年度是2009年，且2012年之后僵尸企业占比数据较为稳定。卓越和王玉喜（2019）同样采用多种识别方案对2000—2013年我国工业企业中僵尸企业数量和比例进行统计，研究发现，多种识别方案下的识别结果基本一致，在波动中呈下降趋势，但不同识别方案的峰、谷点的分布有所差异。空间特征上，聂辉华等（2016）发现，2005—2013年，中部地区和西南地区僵尸企业占比在下降，而西部地区僵尸企业占比有所上升。周琎等（2018）发现，我国东、中、西部地区的僵尸企业比例依次递增，西部地区2013—2016年僵尸企业占比一直保持在7%以上。卓越和王玉喜（2019）研究却发现，平均而言，东部地区僵尸企业数量和占比多于中部地区和西部地区。

2.2　僵尸企业的成因

关于僵尸企业的成因研究，需要将其置于不同的背景之下进行研究。美、日、韩等国家的学者在研究僵尸企业成因时通常考虑经济危机这一背景，而我国未发生经济危机，在研究僵尸企业成因时需要考虑我国自身背景。

2.2.1　一般性的成因

（1）经济增长放缓或经济危机

Hoshi 和 Kashyap（1999）认为日本金融管制放松的不平衡性，加之日本经济自 20 世纪 70 年代中期开始的经济增长放缓，造成了银行非均衡发展的局面，这也为企业陷入僵尸化困境埋下了隐患。Hirata（2010）认为，20世纪 90 年代初日本商业地产价格突然大幅度下跌是引发僵尸企业潮的重要原因。Rawdanowicz 等（2013）认为，经济危机时期的扩张型货币政策会放松大量银根，并削弱银行处理不良贷款的决心，而且扩张型货币政策会使资不抵债的经营实体继续生存，并持续向僵尸企业发放贷款。Giannetti 和 Simonov（2013）认为，在金融危机的背景下，银行极有可能出现问题，为了维持账目稳定，则会给问题企业发放贷款，从而导致僵尸企业形成。Lin等（2015）发现，20 世纪 90 年代日本经济危机期间，日本国有银行贷款规模增加并未带来企业更好的会计业绩，该原因就是这些贷款的大部分被用于支持僵尸企业。

（2）银行提供"宽容贷款"

Sekine 等（2003）发现，在资产价格泡沫破裂后，即使在企业偿还贷款前景渺茫的情况下，日本的银行也有动机绩效发放贷款。这种提供"宽容贷款"的行为滋生了大量盈利能力低下的企业。Wessel 和 Carey（2005）发现，在美国，本应破产的航空公司并不会被淘汰，因为借款方认为它们继续存在比破产淘汰更有价值，所以各类金融机构和飞机制造商不断借钱给它们，从而导致僵尸企业的形成。Fukuda 等（2006）认为，财务状况恶化的银行可能会为了复活而进行赌博，进而增加对僵尸企业的高风险借贷。当银行健康状况越差、资本充足率恶化和不良贷款率恶化，银行对外贷款的金额就可能越高，这是僵尸企业形成的重要原因。Watanabe（2011）认为，20世纪90年代末日本银行的大量资本损失使其风险资本降至接近监管要求的下限水平，这导致监管机构对银行态度强硬，诱使银行重新向低质量的借款人提供更多贷款资源，以避免核销不良贷款，从而催生了大量常青借贷。Hoshi 和 Kim（2012）通过对韩国的调查也发现了韩国僵尸企业的成因。在21世纪初韩国房地产繁荣时期，为了限制韩国国内抵押贷款融资规模的扩展和房价的快速上涨，韩国政府出台了针对银行"贷款与价值比率"和"债务收入比率"的限制政策。然而，银行为了谋求发展，绕过了当时的限制政策而发展信用贷款，这些银行最终竞相向质量低下的中小企业提供贷款，而这正是韩国僵尸企业问题发生的根源。Andrews 和 Petroulakis（2019）利用欧洲11国数据进行研究，发现欧洲僵尸企业更多的与实力较差的银行相关联，这些银行的贷款宽容很大程度上造就了僵尸企业。

（3）政府与银行共谋

Kashyap（2002）认为政府对问题银行缺乏重组意愿，以及银行为了拒绝承认账面坏账而向僵尸借贷人提供滚动贷款造成了企业陷入僵尸化困境，而且这种情况会造成恶性循环。Imai（2016）发现，在日本，很多地方金融机构和政府信用担保体系会保护当地不良中小企业，因此僵尸企业大多存在于中小企业中，特别是存在于那些资本金不足 1 000 万日元的企业中。Calderón 和 Schaeck（2016）发现政府干预行为使本应破产的银行继续存在，成为僵尸银行，并且政府干预措施的频率和僵尸银行的份额成正相关关系，可以说，政府对破产银行长期错误的支持，阻碍了僵尸银行的退出，银行和政府的"共谋"加剧了僵尸企业问题。

（4）企业自身原因

程虹和胡德状（2016）认为，产品质量较低、没有技术创新和缺乏企业家精神的企业更容易成为僵尸企业。朱舜楠和陈琛（2016）利用 Logit 模型对2012—2014年上市僵尸企业的成因进行实证分析，结果发现，从财务指标看，负债率越高、偿债能力越弱、规模越大的公司越容易陷入僵尸化困境；从行业和所有权属性看，制造业企业和国有企业较容易陷入僵尸化困境。申广军（2016）发现，违背禀赋比较优势和技术比较优势的企业，其生产效率更低、盈利能力更差，但它为了维持生存必然要从外界吸取资源，从而会成为僵尸企业。

2.2.2 中国背景下的成因

（1）产能过剩

黄群慧和李晓华（2016）认为，我国僵尸企业主要制度性成因是选择性产业政府和地方保护带来的产能过剩。朱舜楠和陈琛（2016）发现，与正常企业相比，僵尸企业存货周转率以及总资产周转率有明显下降，这表明产能过剩是僵尸企业的重要成因。Shen 和 Chen（2017）发现，随着中国经济增速放缓，一部分制造业企业只能利用其生产能力的 65%，严重的产能过剩问题带来了大量的僵尸企业。朱希伟等（2017）发现，我国煤炭行业产能严重过剩，该行业中许多企业不再适应市场竞争，但政府出于各方面原因考虑给予国有煤炭企业过度补贴，导致这些国有煤炭企业中出现大量僵尸企业。

（2）政府不当干预

郭莹（2016）认为政府过度保护是企业陷入僵尸化困境的重要原因。由于政府过度保护，僵尸企业在获取政府和银行资源时存在便利，不需要过多参与市场竞争就能获益，扭曲了市场资源的分配，产生了更多的僵尸企业，从而恶性循环。陈运森和黄健峤（2017）发现企业陷入僵尸化困境与政府官员的"地域偏爱""地域情结"有关。饶静和万良勇（2018）发现高强度的政府补助是我国僵尸企业形成的重要原因。宋建波等（2019）也发现政府补助是我国僵尸企业形成的重要成因，且对面临投资约束企业的作用力度更加明显。Chang 等（2020）实证研究了政府干预对僵尸企业形成的影响，他们发现政府会通过补贴、资源支持、财政支持、税收等手段诱导僵尸企业的形成，且政府干预程度越高，正常企业成为僵尸企业的概率越大。

（3）企业政策性负担

孔繁成等（2020）发现地方官员的晋升激励可能会导致辖地企业政策性负担过重，从而导致僵尸企业形成，机制检验表明地方官员的晋升激励通过促使企业过度投资从而导致企业僵尸化。Zhang 等（2020）通过对中国上市公司进行研究，发现僵尸企业会雇用冗余的员工来承担更重的政策负担，但回报是它们将获得更多补贴，且可以与政府建立更紧密的联系，研究表明，政策负担是软预算约束的原因，而软预算约束使中国僵尸企业问题进一步加剧。

（4）其他微观成因

张亮等（2018）认为，选择性产业政策导致的市场扭曲、资本市场发育滞后等是我国各行业僵尸企业形成的共性原因。刘冲等（2020）发现，财政存款的信贷分配效应会促使企业过度投资，降低经营绩效，从而导致僵尸企业的形成。蔡宏波等（2020）以我国特有地级市城市商业银行的设立为政策冲击项，采用多期双重差分模型进行研究，发现城市商业银行规模扩张会导致贷款门槛降低，从而促使僵尸企业的形成。

2.3 僵尸企业的危害

僵尸企业会降低行业生产率、扭曲资源配置、严重影响经济高质量发展，还会对正常企业产生传染效应、抑制效应和挤出效应，因此僵尸企业的存在会在宏观和微观两个层面产生危害。

2.3.1 宏观层面的危害

（1）降低行业生产率

Fukao 和 Kwon（2006）通过实证发现，日本企业的市场退出效应是负向的，也就是说企业越是陷入僵尸化困境越不会退出市场，而这在很大程度上导致了制造业全要素生产率增速的下降。Ota（2013）认为"贷款宽容"会减少对生产部门的新贷款，在降低非生产部门去杠杆速度的同时会加快生产部门去杠杆的速度，最终导致社会总产量的减少。Kwon 等（2015）使用反事实分析法进行研究且研究结果表明，银行向失败企业提供僵尸借贷是僵尸化困境产生的直接原因，如果没有僵尸借贷，20 世纪 90 年代日本生产增长率将会高出一个百分点。张季风和田正（2017）总结了 20 世纪 90 年代中后期日本僵尸企业对经济造成的危害：僵尸化困境会导致银行机构不良债权数量上升；僵尸化困境会影响市场竞争机制，降低整体的全要素生产率。

（2）扭曲资源配置

Ahearne 和 Shinada（2005）通过对日本市场的研究发现，在有大量僵尸企业聚集的行业，行业生产率的增长速度很低，而且在僵尸企业问题更为严重的行业，僵尸企业的市场占有率甚至比非僵尸企业高，说明僵尸化困境的存在会导致市场份额的错误分配。Arrowsmith 等（2013）认为，银行"贷款宽容"虽然有助于一些企业在金融危机中生存下来，但这也可能给货币和金融稳定带来风险，并会阻碍对健康公司的资源配置。谭语嫣等（2017）利用中国工业企业数据库中的数据，发现政府投资会"促进"僵尸企业的发展，同时对民营企业的发展具有挤出效应。孙丽（2017）通过对日本经济危机时期的僵尸企业进行调查，发现僵尸化困境会扭曲经济资源配置，阻碍经济体恢复的速度。

（3）阻碍经济发展

Caballero 等（2008）解释了 20 世纪 90 年代初的资产价格崩溃之后，日本经济发展持续 10 年放缓的重要原因：僵尸企业存在于经济体中所造成的拥堵，会阻碍健康企业进入市场和进行投资，从而减少它们的市场收益。被僵尸企业主导的行业会表现出更萧条的就业，带来更大的就业破坏和更低的生产率。Hoshi 和 Kim（2012）发现，韩国僵尸企业对经济体的危害与日本相似：当一个行业中陷入僵尸化困境企业的比例增加，会阻碍正常企业的投资、会剥夺正常企业的就业机会，并进一步阻碍经济增长。金祥荣等（2019）发现一个地区僵尸企业占比越高，越会增加正常企业的逃税行为，从而影响企业内部资源合理配置，破坏经济发展制度环境，不利于经济质量提升。

（4）剥夺就业机会等其他危害

Hoshi（2006）发现，当一个行业中陷入僵尸化困境的企业数量增加时，这个行业的整体就业机会就会减少，而且这种负面影响更多针对的是行业内的正常企业。王守坤（2018）发现地区僵尸企业资产占比越高，该地区工业污染排放强度也越高，为僵尸企业存在低产能、高污染的危害提供了经验证据。肖兴志和黄振国（2019）通过构建的产业动态理论模型对僵尸企业进行研究且研究表明，僵尸企业的存在破坏了优胜劣汰的市场选择机制，并且会导致产业总体盈利水平的恶化，阻碍技术进步与技术扩散。胡洪曙和梅思雨（2020）发现僵尸企业的存在会扭曲正常企业的税负，导致正常企业利润水平降低，影响正常企业对创新活动的支持力度，进一步影响地方产业结构升级。

2.3.2 微观层面的危害

（1）传染效应

Lin（2014）利用日本上市公司的数据，发现僵尸企业财报透明度更低，且这种信息不透明的情况会向正常企业蔓延。曾皓和赵静（2018）利用中国上市公司数据进行研究，发现僵尸企业信息披露质量更低，且僵尸企业占比更高的行业，正常企业信息披露质量也更差，僵尸企业隐瞒真实信息的行为会向行业内其他正常企业扩散。方明月等（2018）发现一个地区的僵尸企业越多，则更容易连累这个地区的中小民营企业成为僵尸企业，而传染的通道主要包括三方面：融资、投资和用工。许江波和卿小权（2019）发现僵尸企业发布报告中所蕴含的困境信息能够被市场检测，且该困境信息会通过资金流、物流、信息流三条渠道对僵尸企业供应商的股价产生负面影响。王海林和高颖超（2019）发现僵尸企业对其主要交往银行具有风险溢出效应，表现在僵尸企业会通过资金借贷关系将自身风险传染给银行。张璇和李金洋（2019）发现僵尸企业的存在大大提高了正常企业退出市场的概率，同时还会加速正常企业成为僵尸企业的进程。邵慰和刘敏（2019）发现加入担保网络的僵尸企业存在减损正常企业绩效的传染效应，且这种传染效应会进一步增加正常企业变成僵尸企业的概率。

（2）抑制效应

Hoshi 和 Kashyap（2010）发现，来自银行的补贴不仅使许多亏损的僵尸企业继续生存，它们还抑制了行业中新企业的出现。毛其淋和王翊丞（2020）发现僵尸企业的存在对正常企业进口规模、进口决策、进口种类、进口质量均有抑制效应，从而不利于我国进口行业的发展。乔小乐等（2020）发现，僵尸企业的存在导致正常企业产能利用率降低，且破坏了正常企业退出机制。

（3）挤出效应

李旭超等（2018）发现，由于财政对僵尸企业进行补贴需要收入来源，僵尸企业的存在会显著提高正常企业的税务负担，使正常企业承担了不必要的经济支出，从而降低了正常企业的活力，对企业合理纳税空间产生挤出效应。郭玉清等（2020）发现，僵尸企业的存在会扭曲同一地级市以及同一省份其他地级市正常企业的税负，从而增加正常企业的经营负担，挤出正常企业的利润空间。陈瑞华等（2020）发现，同一省份内僵尸企业占比越高，越会占用同省份其他正常企业的信贷资源，从而对正常企业的创新产出产生挤出效应。

2.4　僵尸企业的处置

针对僵尸企业的种种危害，学界也提出了相应的处置策略，主要包括多方协同合作、重组、制度优化、加强预防、加快转型等，此外，也有少部分学者对僵尸企业处置效果进行了简单的评价。

2.4.1　僵尸企业处置策略

（1）多方协同合作

Kashyap（2002）针对日本的僵尸企业问题进行研究，研究认为银行、保险公司和政府监管机构应当同时且协调地解决各自面对的问题，如果三者步调不同，任何改革计划都将会失败。何帆和朱鹤（2016a）认为应对企业的僵尸化困境，政府、银行和企业间要通力合作，政府应当加强金融监管，在银行剥离不良资产后要及时对银行注资；银行要对资产进行重新估值，下决心剥离不良资产，减少支持僵尸企业的动机；企业也要主动通过裁员、出售固定资产和降低高管福利性分红等方式来减少冗余投入。进一步地，何帆和朱鹤（2016b）提出应对企业的僵尸化困境需要政府、银行和企业三方通力合作，比如，政府应当"统筹规划、政策托底"；银行应当"做实账目"；企业应当"积极自救"。朱舜楠和陈琛（2016）认为针对中国僵尸企业，应当秉承"分类处理"总体策略，从立法、债务重组、安置员工等方面入手协同处理僵尸企业问题。郭莹（2016）针对僵尸企业员工安置难、资产变现难、清算程序难、并购阻碍多等困境，提出政府应当按照"有序引导—提供资金与政策支持—制定合理退出机制—计划与市场协同配置"的多方位协同路径帮助僵尸企业出清。

（2）重组

Hoshi 和 Kashyap（2010）认为当金融体系出现问题时，政府应当通过注资成立资产管理公司来收购银行的坏账，帮助银行进行资本重组。Fukuda和 Nakamura（2011）发现，公司重组（比如减少僵尸企业的员工、出售资产等）有利于僵尸企业复活，但是如果会计信息不透明或者存在阻碍经理人激励措施的情况将无助于僵尸企业复活，此外，在缺乏良好的宏观经济环境以及外部资金支持的情况下，企业重组也将不会有良好效果。进一步地，Nakamura 和 Fukuda（2013）发现，大量的债务重组也是僵尸企业脱离僵尸化困境的重要有益因素，但他们同时也特别指出，在经济增长停滞的情况下，重组并不能帮助僵尸企业复活。Homar 和 Wijnbergen（2015）认为对于出现问题的银行，及时进行资本重组是一条可行路径，这可以大大减少常青借贷导致的经济衰退的持续时间。Chakraborty 和 Peek（2012）将僵尸企业面临的困境细分为两种类型：财务困境和结构性困境。财务困境可能使企业财务状况暂时变弱，而结构性困境则会降低公司的营运能力，而且是长期难以逆转的。他们认为，由于财务困境是暂时的，所以从某种程度上来说，银行提供新的贷款有助于出现暂时困难的僵尸企业复苏。申来津和张中强（2017）提出，政府要减少对企业的行政干预，该破产的企业就破产；针对僵尸化困境的处置不能"一刀切"，要根据具体情况采用拯救、预重组、出售式重组、破产等方式；税务、银行、社保等相关部门通力合作，妥善处理好僵尸企业在税务减免、信用监管、员工安置等方面的问题，确保僵尸企业重组方案的实施效果。黄少卿和陈彦（2017）系统地提出了我国僵尸企业应采取"分类处置"的思路，将陷入僵尸化困境的企业分为应破产组、应重组组、应改组组等，再在分组的基础上，对不同类别的企业采取不同的处置方式。

（3）制度优化

郑志来（2016）建议针对僵尸企业，可以由中央统一制定淘汰标准，并分行业制定淘汰细则，将任务分解到地方政府并作为各地方政府的考核指标，同时加大对陷入僵尸化困境的国有企业的兼并重组力度。熊兵（2016）在总结美国和日本处置僵尸企业经验的基础上，认为应从完善破产法、建立监管机构、建立僵尸企业退出机制等方面化解我国僵尸企业问题。Mcgowan 等（2017）利用跨国数据进行研究后发现，适度增加企业重组障碍以及与创业失败相关的个人成本等破产制度可以减少僵尸企业的资本沉陷，并刺激生产资本再分配。国家破产法制越规范、市场竞争越充分，那么僵尸企业越没有存在的空间。他同时建议，可以建立一种将企业经营数据与银行报表数据相连接的机制，以帮助监管部门分析僵尸企业和困境银行之间的联系，以及这种关系如何受破产制度的制约。蒋灵多和陆毅（2017）发现，良好的最低工资制度可以精减用工成本、提升企业生产效率，这不仅有利于抑制僵尸企业形成，也利于僵尸企业的复活与退出。曾皓等（2018）发现我国僵尸企业普遍存在投资不足的现象，对"自我救赎"持消极态度。对此，他认为政府可以积极引导僵尸企业开拓创新，为僵尸企业提供技术和人才方面的支持，帮助僵尸企业迈出转型步伐。同时政府应当慎用政策扶持之手，摒弃父爱主义，建立动态监测政府补助使用情况的长效机制。余典范等（2020）认为，有效的固定资产清理以及人员精减、制度环境的改善、政府减少对企业的干预等措施有利于僵尸企业恢复正常。

（4）加强预防

Aoki 和 Dinc（1997）认为，加强商业银行间的竞争，可以发展健康的银企之间关系型融资。这可以使银行能够及时了解企业信息，提升贷款质量，从而抑制僵尸企业形成。Hoshi 和 Kashyap（2010）总结了日本政府在经济衰退时期八条防止僵尸借贷发生的经验：银行增资、援助计划规模足够大、购置银行不良资产时设置上限、将援助计划和检查计划相结合、考虑不良资产重组、决策部门要有足够的决策权威、防止具有政治导向的贷款、发挥宏观经济增长在银行业复苏过程中的重要性。Albertazzi 和 Marchetti（2010）发现，银行保持较高的资本充足率可以抑制其向僵尸企业提供常青贷款的动机。Ueda（2012）发现，当出现金融危机时，及时向金融机构注入足量的资本也许可以遏制银行提供僵尸借贷的动机，从而遏制僵尸企业形成。Bruche 和 Llobet（2014）认为政府需要设立监管机构来专门抑制银行常青借贷行为，通过监控银行不良贷款真实比例来抑制其向僵尸企业贷款，及时处理面临的问题，从而预防僵尸企业形成。Jaskowski（2015）认为，向银行注资可能无助于僵尸借贷问题的解决。而且银行直接在市场上购买僵尸企业的抵押品可以缓解僵尸贷款的问题。张峰和丁思琪（2019）发现，市场化改革能够有效抑制僵尸企业形成。同时市场化改革的机制提高了企业创新资源获取能力以及创新产品开发能力，而且通过创新产出可以提高企业生存能力从而降低其成为僵尸企业的概率。彭洋等（2019）发现，通过撤县设区的区域一体化改革有利于降低交易成本，从而对僵尸企业形成有抑制作用。与此对应的是，卢洪友等（2020）发现，通过扩大县级政府自主裁量权的事权划分改革有利于抑制僵尸企业的形成。

（5）加快转型

Lin 等（2015）发现日本国有银行贷款增加对企业投资有很强的增量影响，即当国有银行提供贷款时可以刺激投资，企业未来会有更好的会计业绩。而私有银行由于和僵尸企业关系更紧密，这种效应不明显。研究结果表明国有银行的直接干预可以使僵尸企业加快转型。韩飞和田昆儒（2017）通过实证后发现，提升内部控制质量以及公司治理水平是拯救僵尸企业的重要手段。黄婷和郭克莎（2019）利用演化博弈模型推导出稳定的国有僵尸企业转型方法：政府提高补助额度、加大惩罚力度，僵尸企业削减改革转型支出、增加转型后收益、弱化高级管理人员对企业的价值损耗，而且这些都能提升国有僵尸企业的转型概率。

2.4.2 僵尸企业处置效果评价

（1）处置策略优先序评价

Dai 等（2019）通过实证研究发现，劳动力成本的降低、国有企业改革和去杠杆化有助于僵尸企业复活，而注资或出售资产对僵尸企业复活影响不大。方明月和孙鲲鹏（2019）发现混合所有制改革对国有僵尸企业具有较好的治理效果，且在各种混改策略中，转制民企效果最好，国企参股次之，国企控股效果最差，而且形成一种混改的啄序效应。陈玉洁和仲伟周（2019）建立的演化博弈模型表明，目前政府提供的僵尸企业处置基金仅对大型国有僵尸企业的退出有促进作用，对中小型僵尸企业的作用不明显。

（2）量化效果评价

蒋灵多等（2018）发现，外商管制放松改革有利于僵尸企业处置，在样本期内，改革使行业僵尸企业数量占比下降 12.26%，行业僵尸企业资产占比下降 21.67%。杨攻研等（2020）发现，政府投资审批制度改革有助于处置僵尸企业，在样本期内，改革使僵尸企业占比较原先下降 15.4%。

2.5　僵尸企业的演化

僵尸企业具有其独特的生命周期,"脱僵企业"逻辑上属于该生命周期的一环,目前已有学者开始探讨僵尸企业的演化。

2.5.1　僵尸企业从无到有的演化过程

僵尸企业从无到有的演化过程是指非僵尸企业转变为僵尸企业的过程。胡冰(2016)认为僵尸企业的演变具有正常状态下的隐患期、逐步暴露期、趋于僵尸化期以及完全僵尸化期。黄群慧和李晓华(2016)认为僵尸企业的发展有隐性僵尸企业阶段、显性僵尸企业阶段和死亡阶段三个阶段。张如锦(2018)建立了多种僵尸化困境的演化路径,基本演化路径包含从无到重的四个阶段。宋建波等(2019)基于古典分析范式认为企业僵尸化存在以下过程:伪僵尸企业、早衰或创业失败、创新力缺失、自然的僵尸化。曾皓(2020)基于企业生命周期理论以及对僵尸企业不同阶段特征进行理论分析后认为,企业僵尸化是一个逐步发展的过程,在这期间企业会经历未僵尸化、轻度僵尸化、中度僵尸化、重度僵尸化四个阶段。

2.5.2　僵尸企业退出的演化过程

程玉洁和仲伟周(2019)从僵尸企业、银行、政府出发建立演化博弈模型,结果表明企业现状、银行经营状况、政府政策相互作用将使僵尸企业退出呈现复杂的动态反复过程。黄婷和郭克莎(2019)构建了基于地方政府激励机制的动态博弈系统,发现国有僵尸企业退出存在三条可能的动态演变路径:无激励→博弈→维持,有激励→博弈→维持,有激励→博弈→改革。

2.5.3　僵尸企业重新成为非僵尸企业的演化过程

方明月和孙鲲鹏(2019)发现僵尸企业存在"暂时治愈"或"永久治愈"的过程,"暂时治愈"的僵尸企业在脱僵后可能再次成为僵尸企业,"永久治愈"的僵尸企业在脱僵后不会再是僵尸企业。余典范等(2020)发现我国有相当一部分僵尸企业在"僵与活"之间变换,而我国每年也有超过

20％的僵尸企业会完全恢复成为非僵尸企业。曾皓（2020）认为，僵尸企业随着情况的好转会逐步恢复，即从重度僵尸化困境恢复为中度僵尸化困境，再恢复为轻度僵尸化困境，直至恢复正常。

2.6　僵尸企业的预警

目前国内外学界尚未出现针对"脱僵企业"返僵风险预警的研究，只有部分论文探讨了僵尸企业预警（孙莹和崔静，2017；周珊等，2018；曾皓，2020），这些研究为僵尸企业形成或阶段预警作出了贡献，但研究视角限定于僵尸企业"从无到有"的单向发展方向，缺乏僵尸企业脱僵后又返僵的动态视角。

2.6.1　僵尸企业预警的意义

如果把陷入僵尸化困境的企业叫作僵尸企业，那么僵尸企业无疑是"病态"企业，而企业从"健康"到"生病"是一个动态过程，而"生病"的企业也可能逐步恢复"健康"或最终走向"消亡"。目前的研究主要是针对企业"生病"后的问题，当企业陷入僵尸化困境，往往意味着企业的"病情"已经相当严重，且不论政府出手"救治"的最终效果如何，发生的救治成本和僵尸企业带来的负面影响就已经造成了大量经济效率的损失。如果在企业"亚健康状态"，甚至"健康状态"时就能预先发现"病灶"，及时铲除"病根"，就可以在企业还只有小问题时掌握解决问题的主动权，从而可以在很大程度上防止企业陷入僵尸化困境，降低经济体中僵尸企业的数量。与企业陷入僵尸化困境后再来解决问题相比，企业僵尸化困境的预测与诊断是一个性价比更高的工作。孙莹和崔静（2017）认为，识别出僵尸企业是处理僵尸企业问题的第一步，提早预警、防止僵尸企业出现是解决僵尸企业问题的根本之策。周珊等（2018）认为如何识别和预测僵尸企业是认识和解决僵尸企业问题的关键，构建的预警模型能够对僵尸企业的早期预警和防治起到一定的积极作用。曾皓（2020）认为，僵尸企业侵占正常企业的各类资源、造成资源配置扭曲、影响经济健康稳定的发展。深入研究企业陷入僵尸化困境的原因，及时准确地对僵尸企业的出现进行事前预警和防控，这对经济高质量发展非常重要。

此外，考虑到我国对于僵尸企业清理具有一定的行政主导特征，即很多僵尸企业脱僵并不是因为自身经营状况得到本质好转，更多的是因为采取一些临时性措施来满足监管要求，而且这些企业随着时间的推进又会重新成为僵尸企业。因此在对僵尸企业单向演化预警的基础上，也有必要对僵尸企业脱僵后又返僵的动态演化进行预警。

2.6.2　僵尸企业预警的方法

针对僵尸企业的预警可以采用诸如判别分析、逻辑回归、概率单位回归、风险模型等传统统计类方法，这些传统统计类方法主要是将财务指标作为输入指标进行预测，最终使用的指标数量和维度简单，计算量不大，但代价就是预测的准确度和稳定性有待提升。面对方法和技术的日趋完善，学界也开始使用一些智能化的机器学习方法来进行困境预警相关研究，主要方法包括支持向量机、神经网络、遗传算法、卡尔曼滤波算法等。这些现代智能化的机器学习方法既可以挖掘多维度信息的内在规律、提升信息利用能力，也可以较快地对诊断模型进行训练调试、提升信息处理效率。

（1）判别分析

判别分析是指在确定的分类条件下，根据某一研究对象的各种特征值将其按照某种分类规则判入特定类别的分类统计方法。根据特征值的数量可以将判别分析分为一元判别分析和多元判别分析。Fitzpatrick（1932）以单个财务指标预测企业是否会破产，结果发现权益净利率和产权比率这两个指标对企业破产的预测能力最高。Beaver（1966）对 30 余个财务指标筛选后发现现金流量负债比、总资产净利率、资产负债率等指标对财务困境具有较好的预测能力。但限于一元判别分析可能出现矛盾结果，加之单一指标难以反映企业综合情况，Altman（1968）在一元判别分析的基础上使用多个指标共同预测企业财务困境，并提出了著名的 Z - score 模型。Z - score 模型通过计算目标企业的 Z 值所属区间来判断企业陷入财务困境的可能性。为了提高模型的预测精度，Altman 等（1977）又设计出了准确度更高的七指标预测模型——ZETA 模型，进而丰富了多指标预测企业财务困境的模型体系。考虑到判别分析操作简单、便于理解，基于多元判别分析的企业困境预警模型成了学界最早采用的主流方法（Deakin，1972；Blum，1974；Gombola et al.，1987；周首华等，1996；蔡红艳和韩立岩，2003）。但使用判别分析对样本和指标具有较高要求，存在较为严格的统计条件限制，随着企业面临的内外部环境愈发复杂多变，该方法的有效性大打折扣。

（2）回归分析

回归分析指的是确定两种或两种以上变量间相互依赖的定量关系的一种统计分析方法。而在预警框架下，回归分析是一种预测性的建模技术，它研究的是因变量（目标）和自变量（预测器）之间的关系。常见的用于预警的回归分析方法包括逻辑回归和概率单位回归，两者均可以用来推断某一事项发生的概率。一方面，Ohlson（1980）使用逻辑回归构建了 O - score 模型来预测企业财务困境，研究发现规模、资本结构、业绩和流动性等指标对财务困境预测准确度能够达到 95% 以上。孙莹和崔静（2017）利用逻辑回归构建了针对僵尸企业的预警模型。他们利用因子分析将 14 个财务指标进行降维，之后将性能表现优异的 4 个因子作为自变量对僵尸企业进行二分预测。周琏等（2018）利用显著性方法从 21 个财务和非财务指标中筛选了 11 个指标后基于逻辑回归对僵尸企业进行二分预测，得到了良好的预测效果。另一方面，Zmijewski（1984）采用概率单位回归对 75 个变量进行筛选，发现投资回报率、资产负债率等 4 个指标对财务困境的预测最有效。蒋亚奇（2014）也利用概率单位回归构建了企业财务危机预测模型。虽然基于回归分析的企业困境预警模型是学界主流方法之一，但考虑到回归分析存在较多影响准确性的近似处理，以及基于指标显著性确定预警指标的思路可能造成输入指标体系不稳定，并且对于多分类输出指标的处理在理论上存在一定缺陷，因此使用该方法进行企业困境动态预警还有待进一步提升。

（3）风险模型

风险模型是指通过对大量给定事件的发生时间进行规律总结，从而推断特定目标事项发生概率的一种方法。风险模型最显著的特点就是同时整合了企业财务信息和市场信息对企业困境进行预警，其中财务信息反映企业历史累积状态，市场信息反映企业未来发展前景，两类信息结合可以进行优势互补，提升预警模型的准确度。Shumway（2001）认为在对企业困境进行预警的问题上，风险模型可以校正风险发生的真实期间，并允许协变量的时间变化，避免了传统模型中固有的选择偏差，此外风险模型可以利用综合信息来估计样本公司在每个时间点陷入困境的概率。Beaver 等（2005）发现基于财务指标构建的风险模型对企业长期破产概率的预测效果不佳，但加入非财务指标后模型的预测效果得到了提升。邓晓岚（2008）基于逻辑离散时间风险模型构建了我国上市公司财务风险预警模型，结果发现通过市值规模、股票换手率及股票收益波动性可以预测企业财务风险。蔡玉兰（2016）利用默顿违约距离风险模型构建了上市公司财务困境预警模型，结果发现息税前经验利润率和资产负债率对企业财务困境的发生具有较强解释力。

（4）机器学习

机器学习是指计算机基于特定规则，利用大量经验数据进行规律总结，从而改善系统自身性能的一种人工智能方法。利用机器学习技术可以帮助掌握僵尸企业发展演化中包含的数据规律并构建相应模型，从而可以对僵尸企业进行预警。常见的机器学习方法包括神经网络、支持向量机、深度学习等。李秉祥（2005）将模糊神经网络、多元线性回归模型、费雪模型和逻辑回归模型进行对比，发现模糊神经网络相较于其他方法具有预测准确度高、容错率强等优点，在预测企业财务困境方面比其他方法更具优势。周辉仁等（2010）提出了一种基于递阶遗传算法结合 BP 神经网络的财务预警模型。这个模型利用遗传算法优化了神经网络的诊断性能，通过实践数据检验并确认该预警模型具有较强的可行性。宋彪等（2015）利用支持向量机建立了引入大数据指标的财务风险诊断模型，通过实证后发现基于大数据的财务风险诊断模型的效果较好。李晓燕（2019）构建了基于 SMOTE 算法改进的支持向量机的僵尸企业预警模型，利用该模型进行实证分析且分析结果发现这一改进的预警模型对僵尸企业的发生具有较高的预警能力。

（5）滤波分析

滤波分析是指从被噪声污染的观察信号中利用特定算法过滤噪声，从而在不确定真实信号中估计最有价值信号的方法。孙晓琳（2010）基于状态空间模型构建财务危机动态预警系统，应用卡尔曼滤波算法模型的时变参数，结果发现该预警模型能够有效衡量企业财务状况的时间累积性，从而能够较好地实现动态预警系统的递归更新和实时预测。庄倩和陈良华（2015）基于卡尔曼滤波算法构建了企业财务困境预警模型，结果表明该预警模型具有较好的准确性，为信息使用者进行决策时提供一种有效工具。符刚等（2016）使用全局主成分分析法，构建了融合神经网络与卡尔曼滤波的财务预警模型，结果发现企业财务困境的发生是一个逐步累积的过程，同时得出合理使用发生困境前的财务指标数据，可以对企业财务困境进行预警。周忆和张友棠（2019）基于卡尔曼滤波算法构建了僵尸企业动态预警模型，结果表明僵尸企业动态预警模型能有效反映上市公司财务风险随时间序列的累积变异状况，从而实现对上市公司僵尸化风险进行前期预警。

2.7　研究现状评述

通过对已有文献进行分析，发现虽然诸多学者对僵尸企业的研究取得了大量成果，但仍存在如下不足：第一，没有突破基于信贷补贴、财务困境来识别僵尸企业的思维，缺乏全面识别僵尸企业的视角，无法反映僵尸企业产能效率低下、僵而不死的根本特征。第二，对僵尸企业演化问题研究较少，且研究逻辑认为僵尸企业将遵循"从无到有"的单向发展方向，对僵尸企业脱僵以及脱僵后返僵的动态反复过程缺乏探讨。第三，多是探讨僵尸企业处置方式，对处置效果的研究不多，更是缺乏对经济高质量发展背景下"脱僵企业"未来走势的关注。第四，缺少一个分析"脱僵企业"返僵风险的理论框架，未建立"脱僵企业"返僵风险的预警指标体系和预警模型，对返僵风险的影响因素和"阻返"机制研究也明显不足。由此可见，经济高质量发展下"脱僵企业"返僵风险的研究亟待加强！

为弥补现有研究不足，本书将重点研究"脱僵企业"返僵风险预警的理论框架、指标体系和预警模型，结合企业实际数据，跟踪测度经济高质量发展下"脱僵企业"返僵风险，分析其影响因素，进而有针对性地构建阻止"脱僵企业"返僵的系统性机制。以期通过本书研究，能够在理论层面明确"脱僵企业"返僵的识别条件，并建立"脱僵企业"返僵风险预警理论框架；能够在实证层面构建预警指标体系，并选用高性能的预警方法建立及检验"脱僵企业"返僵风险动态预警模型；能够在应用层面对"脱僵企业"返僵的影响因素进行相应分析，为制定科学可行的阻止"脱僵企业"重新成为僵尸企业的"阻返"机制提供参考依据。

第3章 "脱僵企业"返僵风险动态预警理论研究

本章是对"脱僵企业"返僵风险动态预警理论的系统化研究。首先,通过对"脱僵企业"相关概念进行界定,以明晰僵尸企业、僵尸化困境、"脱僵企业"、返僵企业、返僵风险的含义。之后,基于企业生命周期理论分析"脱僵企业"动态演化特征,并绘制"脱僵企业"动态演化生命周期。最后,基于预警理论构建"脱僵企业"返僵风险动态预警理论框架。本书将基于"脱僵企业"返僵风险动态预警理论框架为"脱僵企业"返僵风险动态预警指标体系、"脱僵企业"返僵风险动态预警模型、"脱僵企业"返僵风险"阻返"机制提供思路和依据,并以该理论框架为基础开展后续章节的研究。

3.1 "脱僵企业"相关概念界定

3.1.1 僵尸企业

根据第2章表2.1梳理的学界常见的僵尸企业识别标准可知,目前常见的僵尸企业识别标准有14种之多。虽然学界对僵尸企业的识别标准不完全统一,但是对于僵尸企业的核心特征达成了一定共识,即僵尸企业财务风险较高、经营陷入困难、需要依靠外部输血才能生存、不健康状态在时间上具有持续性。此外,结合本书第2章对僵尸企业成因的相关文献梳理可知,我国僵尸企业的形成有制度性成因,即僵尸企业的形成还受到选择性产业政策和地方保护主义带来的产能过剩问题影响。因此在识别僵尸企业时,必须考虑产能过剩这一特殊因素,这种情况也可以归纳为僵尸企业的产能过剩困境。基于上述分析,本书认为,僵尸企业是指同时陷入财务困境、经营困境、产能过剩困境、外部援助困境、僵而不死困境这五重困境的企业。

3.1.2 僵尸化困境

《辞海》将困境定义为困难的处境。基于此，结合僵尸企业的定义，本书将僵尸化困境定义为僵尸企业正在经历的一种长期依赖外界补贴生存且难以恢复健康或难以退出市场的困难处境。僵尸企业是僵尸化困境的主体，僵尸化困境是僵尸企业所处的状态。企业如同生命体，具有从蓬勃发展到最终消散、从持续经营到退出市场的动态过程。从企业陷入困境的过程来看，其具有由未僵尸化到不同严重程度僵尸化困境的演化历程。僵尸化困境是企业最终重组、清算、破产前的特定阶段，且这个阶段的状态会有起伏变化。

3.1.3 "脱僵企业"与返僵企业

如果一家企业不满足僵尸企业的定义，则这家企业可以定义为非僵尸企业，也即从未同时陷入财务困境、经营困境、产能过剩困境、外部援助困境、僵而不死困境这五重困境的企业。

僵尸企业既可能通过改善经营等方式脱离僵尸化困境成为非僵尸企业，也可能进一步恶化直至完全退出市场。对于前者，可以将其定义为"脱僵企业"，即曾经同时陷入财务困境、经营困境、产能过剩困境、外部援助困境、僵而不死困境这五重困境，而现在未同时陷入上述困境的企业。简而言之，"脱僵企业"曾经是僵尸企业，现在是非僵尸企业。

考虑到事物的演化并非完全按照线形发展方式进行，部分企业存在"先僵尸化—再脱僵—再返僵"的动态演化过程，即"脱僵企业"返僵过程。因此，本书将这类企业定义为返僵企业，即如果"脱僵企业"在未来年度内重新成为僵尸企业，则该企业称为返僵企业。简而言之，返僵企业是至少成为两次以上僵尸企业的企业。

3.1.4 返僵风险

根据《辞海》对风险的定义，可以认为风险是由于未来不确定因素的影响，而产生与预期不一致的负面结果的可能性。经济理论中，一般将风险视作负面事件发生的可能性，也就是说风险会带来潜在伤害，这种潜在伤害可能会发生，也可能不会发生。因此，本书结合风险的语义，将返僵风险定义为：僵尸企业脱离僵尸化困境成为"脱僵企业"后，又再次陷入僵尸化困境而成为僵尸企业的可能性。

3.2 "脱僵企业"动态演化理论

3.2.1 "脱僵企业"动态演化理论基础

企业生命周期理论认为，企业类似于生命体，在其演化发展过程中会经历一系列不同形态的动态发展过程（Orand 和 Krecker，1990）。企业在演化的不同阶段，各项特征指标会呈现显著差异（刘焱，2014）。对于"脱僵企业"而言，无论是其从僵尸企业到非僵尸企业，还是后续从"脱僵企业"重新成为僵尸企业，其总是会经历一系列不同形态的动态发展过程。在这个过程中，不同阶段的状态会有起伏变化，因此"脱僵企业"也有生命周期，只不过"脱僵企业"的生命周期是普通企业生命周期的特殊化、典型化。本书认为，僵尸企业具有其独特的生命周期，"脱僵企业"逻辑上属于该生命周期的一环。僵尸企业、"脱僵企业"、返僵企业与正常企业的核心区别在于前三类企业曾经或现在陷入僵尸化困境，而僵尸化困境属于一般性财务困境到退出市场之间的特殊状态，处在企业生命周期的特点阶段。在"脱僵企业"整个发展过程中，最重要的是关注"脱僵企业"在第一次陷入僵尸化困境，以及后续再次陷入僵尸化困境（如有）之间的状态特征，因为这是抓住"脱僵企业"返僵的关键所在。正如本书第 2 章 2.5 梳理的内容，目前已有部分学者将僵尸企业的演化嵌套到企业生命周期中，其内容主要包括僵尸企业从无到有的演化过程以及僵尸企业退出的演化过程。但是，目前针对僵尸企业演化问题的研究还是较少，且研究逻辑认为僵尸企业将遵循"从无到有"的单向发展方向，对僵尸企业脱僵以及脱僵后返僵的动态反复过程缺乏探讨。因此，在企业生命周期理论的基础上，将动态性视角引入僵尸企业的演化过程，有利于更加深入细致地看待企业的僵尸化过程，明确僵尸企业"脱僵—返僵"的动态逻辑路径。

3.2.2 "脱僵企业"动态演化特征分析

在前期研究中已将企业的僵尸化困境划分为四个阶段：未僵尸化、轻度僵尸化、中度僵尸化、重度僵尸化（曾皓，2020）。本书承接此研究，将动态视角引入僵尸企业生命周期，形成"脱僵企业"动态演化过程。

正常企业未陷入僵尸化困境时就已经存在财务健康、财务亚健康和财务不健康等状态。对于财务不健康的正常企业而言，虽然可能陷入一般性财务困境，但还不具备陷入僵尸化困境的条件。不过由于财务不健康，这类企业已经来到陷入僵尸化困境的潜伏期，其面临大量导致其成为僵尸企业的风险诱因。僵尸化困境潜伏期的风险诱因具有隐蔽性和模糊性的特点，这些诱因并非常态，尚未对企业造成严重影响，没有受到利益相关方应有的重视。但随着问题的不断加重，这类企业逐渐出现一系列问题，加之接受了不合理的外界补贴，随即陷入轻度僵尸化困境。当企业轻度僵尸化后，曾经积累的问题不断暴露，积弊对其健康发展起到反向作用，此时异常征兆频发，导致僵尸化困境严重程度不断加重。当企业进入中度僵尸化后，问题已经非常严重，过去的异常征兆已经成为一种常态，积弊不断涌现，僵尸企业各方面状况持续恶化，推动其陷入重度僵尸化困境。当僵尸企业逐步陷入重度僵尸化困境，要么依靠外部补贴僵而不死，要么进入消亡期，通过清算、重组等方式退出市场。以上过程是僵尸企业僵尸化状态的轻重变化，属于僵尸企业概念范畴。

当然，企业僵尸化困境的动态过程具有可逆性。僵尸企业可以通过改善管理等方式消除弊病、扭转颓势，因此其还存在恢复期。只不过僵尸企业恢复健康的难度随着其陷入僵尸化困境的程度而不断增加。具体而言，当僵尸企业优化投资决策，则会整合资产分布，升级资产设备；当僵尸企业优化生产决策，则会加强成本控制、优化产品品质；当僵尸企业优化市场决策，则会时刻关注市场变化、准确匹配市场需求；当僵尸企业优化筹资决策，则会着力改进资本结构，降低资本成本；当僵尸企业优化研发决策，则会更多采取自力更生的方式持续存在于市场，而减少不合理的依赖；等等。理论上，如果不考虑逆转成本，僵尸企业在僵尸化困境的任何阶段都可以恢复至正常状态。而"非僵尸企业→僵尸企业→非僵尸企业→僵尸企业"这一过程不断反复，则形成了"脱僵企业"的动态演化过程。结合本书作者之前的研究、僵尸化困境的可逆性以及"脱僵企业"的动态演化特征，本书绘制了"脱僵企业"动态演化生命周期，具体见图3.1。

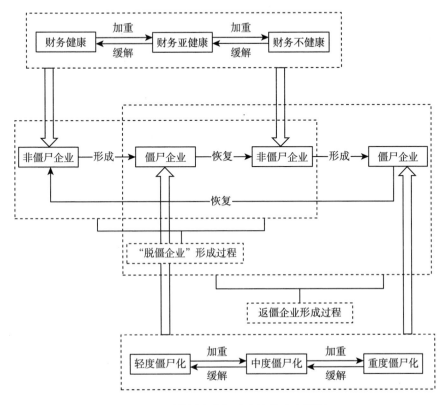

图 3.1 "脱僵企业"动态演化生命周期

3.3 风险预警理论框架

3.3.1 "脱僵企业"返僵风险预警理论基础

预警的概念最初起源于军事领域，是指军事部门通过各类工具提前发现、分析、判断不利信号，并提前采取应对措施的行为。随着经济社会的发展，预警的理念也进入经济领域。通过预警可以对关注对象进行监测和诊断，从而达到预控和纠正的目的。"脱僵企业"返僵风险预警本质上是利用与"脱僵企业"核心特征有关的历史信息，通过构建数理模型的方法，来预测"脱僵企业"未来状态的一种活动。就预警的含义而言,"脱僵企业"返僵风险预警一般包含六个步骤:①确定预警对象;②寻找警源;③分析警兆;④预报警度;⑤建立预警模型;⑥预警结果应用。

(1) 确定预警对象

确定预警对象就是需要明确对什么警情进行预警,该预警对象是按什么标准划分警情的程度,以及构成警情的量化指标有哪些(即警素)。确定预警对象是预警活动的前提,是预警研究的基础。

(2) 寻找警源

警源是指警情产生的根本来源。在经济预警相关领域,警源包括内部警源和外部警源,内部警源是指来源于企业内部的警源,如企业内部管理出现问题等;外部警源是指来源于企业外部的警源,如由于外生性的经济波动等因素出现而导致企业产生警情。

(3) 分析警兆

警兆是警情发生的先兆指标。不同的警素有着不同的警兆。当警素量变到临界值时就会导致质变,并进而引发警情。而警素突破临界点到达质变之前总是会有一定异常的先兆迹象,即会出现一定的警兆。警兆可以在一定程度上反映警情变化、累积、逆转等过程。由于警兆和警情有直接或间接的因果关系,所以警兆和警素可以是不同时间段的相同指标。

(4) 预报警度

警度是指预测的警情,可以根据未来警情的严重程度划分为不同程度的警度。比如,根据正常企业成为僵尸企业的风险高低将僵尸化风险划分为无僵尸化风险、轻度僵尸化风险、中度僵尸化风险、重度僵尸化风险四个警度,又如,将"脱僵企业"返僵风险划分为无警、震荡、有警三个警度。

(5) 建立预警模型

建立预警模型是指根据确定的警兆和警度,选择合适的预警方法,以获得警兆与警度之间的函数关系,在此基础上使用已知的警兆和训练出来的预警模型去获得预测的警情。

(6) 预警结果应用

由于企业在日常经营管理时会面临一系列不确定的内外部环境变化,加之信息处理具有复杂性,导致企业作出的相关决策只存在有限理性。依靠完善的理论基础和科学的预警模型，将有效帮助预警结果使用者提前发现组织风险信号，及时做出合理反应，这有利于在极大程度上维护企业利益相关者的整体福利。

3.3.2 "脱僵企业"返僵风险动态预警理论框架构建

"脱僵企业"返僵风险预警是一个系统性工作，既涉及风险预警研究的基本范式，也涉及僵尸企业的理论研究和实证分析，因此需要将相关研究工作整合到一个理论框架中。基于上一节阐述的"脱僵企业"返僵风险预警理论基础，可以构建"脱僵企业"返僵风险动态预警理论框架，具体见图 3.2。

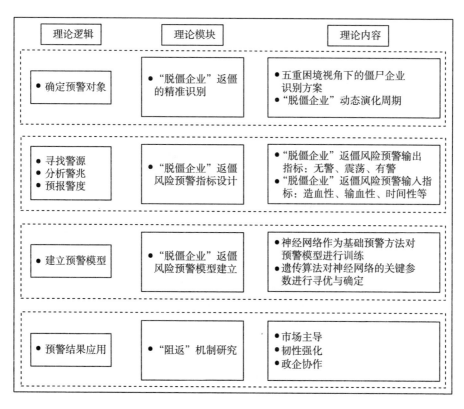

图 3.2 "脱僵企业"返僵风险动态预警理论框架

该理论框架包括四个部分："脱僵企业"返僵的精准识别（对应确定预警对象）、"脱僵企业"返僵风险预警指标设计（对应寻找警源、分析警兆与预报警度)、"脱僵企业"返僵风险预警模型建立（对应建立预警模型）、"阻返"机制研究（对应预警结果应用）。

（1）"脱僵企业"返僵的精准识别

此部分的研究内容为明确"脱僵企业"的精准识别方案及演化规律。一方面，借鉴国际主流的僵尸企业识别标准以及企业生命周期理论基本思想，并结合我国僵尸企业形成的制度性原因，提出五重困境视角下的僵尸企业识别方案。其中五重困境的含义是，僵尸企业同时处于财务困境、经营困境、产能过剩困境、外部援助困境、僵而不死困境这五种困境之中。在此基础上再去确定衡量各维度的代理指标以及对应的困境临界点。另一方面，借鉴组织脆弱性理论的基本观点，结合我国已有的僵尸企业处置的效果分析，认为我国部分企业存在"先僵尸化—再脱僵—再返僵"的动态演化过程，即"脱僵企业"返僵过程。通过以上研究内容可以提出我国僵尸企业、"脱僵企业"、返僵企业的精准识别方案。

（2）"脱僵企业"返僵风险预警指标设计

此部分的研究内容为构建"脱僵企业"返僵风险预警指标体系，包括预警输出指标和预警输入指标。一方面是确定"脱僵企业"返僵风险预警输出指标，该指标是一个三维离散指标，由无警、震荡、有警组成，分别代表"脱僵企业"未来演化过程中存在不再返僵、单次返僵、重复返僵的三类情况；另一方面是确定"脱僵企业"返僵风险预警输入指标。这些指标是预警活动中的警兆信息，是追踪预测"脱僵企业"未来是否会再次返僵的信息源头。结合僵尸企业的核心特征，本书拟从造血性、输血性、时间性等维度确定具体预警输入指标。预警输入指标在预警过程中使用的是历史数据。

（3）"脱僵企业"返僵风险预警模型建立

此部分的研究内容为建立"脱僵企业"返僵风险预警模型。本书拟采用神经网络作为基础预警方法对预警模型进行训练，利用遗传算法对神经网络的关键参数进行寻优与确定，以提升预警模型工作性能，并基于此建立"脱僵企业"返僵风险动态预警模型。

（4）"阻返"机制研究

此部分的研究内容为构建系统性"阻返"机制。在把握"脱僵企业"返僵风险及其重要影响因素基础上，有针对性地提出阻止"脱僵企业"返僵的系统性机制。机制是指各要素之间的结构关系和运行方式，结合理论推导和实证检验，对 "脱僵企业" 返僵影响因素的作用方向、力度、条件异质性进行分析，并根据分析结果，有针对性地构建阻止 "脱僵企业" 返僵的系统性机制。已有研究表明，影响我国僵尸企业脱困重生的重要因素包括企业外部环境、企业自身能力以及内外环境互动（栾甫贵和赵静，2023），因此本书提出的具体 "阻返" 机制要素拟包括三点：市场主导、韧性强化、政企协作。

3.4 本章小结

经过上述研究，本章结论如下：

第一，僵尸企业是指同时陷入财务困境、经营困境、产能过剩困境、外部援助困境、僵而不死困境这五重困境的企业。僵尸化困境是指僵尸企业正在经历的一种长期依赖外界补贴生存且难以恢复健康或难以退出市场的困难处境。"脱僵企业" 是指曾经同时陷入财务困境、经营困境、产能过剩困境、外部援助困境、僵而不死困境，而现在未同时陷入上述困境的企业。返僵企业是指至少成为两次以上僵尸企业的企业。返僵风险是指僵尸企业脱离僵尸化困境成为 "脱僵企业" 后，又再次陷入僵尸化困境而成为僵尸企业的可能性。

第二，僵尸企业具有其独特的生命周期，"脱僵企业" 逻辑上属于该生命周期的一环。僵尸企业、"脱僵企业"、返僵企业与正常企业的核心区别在于前三类企业曾经或现在陷入僵尸化困境，僵尸化困境属于一般性财务困境到退出市场之间的特殊状态，处在企业生命周期的特点阶段。进一步地，企业僵尸化困境的动态过程具有可逆性，僵尸企业可以通过改善管理等方式消除弊病、扭转颓势。因此还存在恢复期，只不过僵尸企业恢复健康的难度随着其陷入僵尸化困境的程度而增加。

第三，"脱僵企业" 返僵风险预警本质上是利用与 "脱僵企业" 核心特征有关的历史信息，通过构建数理模型的方法，来预测 "脱僵企业" 未来状态的一种活动，其预警需要遵循一般预警理论的六个步骤来进行，即确定预警对象、寻找警源、分析警兆、预报警度、建立预警模型、预警结果应用。

第四,"脱僵企业"返僵风险动态预警理论框架包括四个部分:①"脱僵企业"返僵的精准识别,即预警步骤中的第一步,确定预警对象;②"脱僵企业"返僵风险预警指标设计,即预警步骤中的第二到四步,寻找警源、分析警兆与预报警度;③"脱僵企业"返僵风险预警模型建立,即预警步骤中的第五步,建立预警模型;④"阻返"机制研究,即预警步骤中的第六步,预警结果应用。

第4章 "脱僵企业"返僵风险动态预警指标体系研究

本章目的在于确立"脱僵企业"返僵风险动态预警的指标体系,主要内容分为四个部分。首先是明确指标选取的理论和原则。本章基于前述章节的理论分析,梳理本书指标选取的理论,为后续指标数据收集工作的开展提供理论依据,在此基础上明确指标选取过程中需要遵守的四点原则。其次是精准识别僵尸企业与返僵企业。在明确僵尸企业基本特征的基础上,确定识别僵尸企业的具体指标,并以僵尸企业的识别为基准,进一步识别"脱僵企业"和返僵企业,为后续建立预警模型提供精确样本。然后是确定"脱僵企业"返僵风险动态预警输入指标体系。预警输入指标是预警活动中的警兆;是追踪预测"脱僵企业"未来是否会重新返僵的信息源头。最后是确定"脱僵企业"返僵预警输出指标。该指标是指预警活动中的警示程度,通过合成综合指数的方法进行量化,用来反映"脱僵企业"返僵风险。

4.1 "脱僵企业"返僵风险动态预警指标选取的原则

"脱僵企业"返僵风险动态预警指标体系包括预警输入指标和预警输出指标两个层次,选取两者的原则一致。在进行具体的代理指标选取确认前,需要建立相应的规范准则用于指导该项工作,因此指标选取的原则是建立科学合理的预警指标体系的指导性准则。本书参照已有研究,在选取指标时主要遵循相关性、科学性、全面性、可得性四个原则。

(1)相关性原则

相关性原则要求用于预警建模的指标应当与评估和预警"脱僵企业"的返僵风险相关,即"脱僵企业"返僵前的预警征兆、"脱僵企业"返僵风险的高低都可以通过指标加以反映。预警输入指标在时间上要早于预警输出指标，因此预警输入指标一般是历史数据，而预警输出指标一般是未来数据。基于上述分析，可以绘制"脱僵企业"返僵风险动态预警输入指标和预警输出指标的关系图，具体如图 4.1 所示。

图 4.1　预警输入指标和预警输出指标在时间上的关系

（2）科学性原则

正确掌握理论可以避免在研究过程中方向性的错误。科学性原则要求本书在指标选取及体系构建的过程中要有理论依据，不可随意选取。指标设计应当参考既有文献，通过总结文献中的科学观点和思路，使指标选取及体系构建更加合理、客观和可靠，并能够在逻辑上自洽，同时减少由于无用指标而带来的信息冗余。

（3）全面性原则

全面性原则要求本书在指标设计的过程中应当综合考虑各方面的指标，来全面评价研究对象的属性，并进行预警。在确定预警输入指标时，需要考虑财务维度、治理维度、时间维度、环境维度等方面的因素。在确定预警输出指标时，需要根据风险高低保持指标数值的梯度性。

（4）可得性原则

可得性原则要求指标的定义简单明确，信息易于收集，并可以进行定量化表达，以确保研究的有效性和可行性。对指标进行简单明确的定义，目的是使指标能明确地传递其代表的是哪个类别，不会让人产生误解。同时也可以使指标的可获得性较好，降低数据缺失的可能性，提升指标的数据质量。

4.2　僵尸企业与返僵企业的精准识别

4.2.1　僵尸企业的精准识别

根据第 2 章表 2.1 梳理的学界常见的僵尸企业识别标准可知，目前常见的僵尸企业识别标准有 14 种之多。虽然学界对僵尸企业的识别标准不完全统一，但是对于僵尸企业的核心特征达成了一定共识，即僵尸企业财务风险较高、经营陷入困难、需要依靠外部输血才能生存、不健康状态在时间上具有持续性。其中，财务风险较高主要体现在僵尸企业的偿债能力不足、其获得的现金流量不足以覆盖到期债务、面临较大的债务偿还危机、具有随时终止经营的可能，这些情况可以归纳为僵尸企业陷入了财务困境。经营陷入困难主要体现在僵尸企业盈利模式不完全符合市场需求，现行生产要素难以获取维持日常运转所需的正常利润、导致生产经营入不敷出，这些情况可以归纳为僵尸企业陷入了经营困境。需要依靠外部输血才能生存是指在正常情况下，僵尸企业由于生命力不足应该按照"优胜劣汰"的市场机制被出清，但依靠强大的外部资金支持，可以暂时继续留存在市场而不被淘汰，而这又会进一步加剧僵尸企业对外部援助的依赖，这种情况可以归纳为僵尸企业陷入了外部援助困境。不健康状态在时间上具有持续性主要是指僵尸企业的形成并非一朝一夕，偶发性的财务风险、经营困难、获取外部大量援助并不代表企业生命力不足。而当企业陷入长时间的困境且短期内难以恢复到正常状态，才能说明企业真正陷入了困境，并由于外部援助的存在使僵尸企业能够以不健康的状态持续存在于市场，从而不断陷入恶性循环，这种情况可以归纳为僵尸企业陷入了僵而不死困境。此外，结合本书第 2 章对僵尸企业成因的相关文献梳理可知，我国僵尸企业的形成有制度性成因，即僵尸企业的形成还受到选择性产业政策和地方保护主义带来的产能过剩问题影响。因此在识别僵尸企业时，必须考虑产能过剩这一特殊因素，这种情况也可以归纳为僵尸企业的产能过剩困境。基于上述分析，本书认为，僵尸企业是指同时陷入财务困境、经营困境、产能过剩困境、外部援助困境、僵而不死困境这五重困境的企业。

　　进一步地，上述内容只是对僵尸企业进行了概念界定，但想继续深入研究，则有必要在概念的基础上使用数据确定哪些是僵尸企业、哪些不是僵尸企业，即要精准识别僵尸企业。这就需要在明确僵尸企业困境维度的基础上，确定能够代表困境的关联指标。本书借鉴许江波和卿小权（2019）的研究思路，按照如下思路来明确各困境维度的关联指标和判断标准：①财务困境的关联指标选择现金流到期债务保障倍数，临界值为 1，即如果企业现金流到期债务保障倍数小于1则说明其陷入财务困境。现金流到期债务保障倍数反映企业经营活动产生的现金净流量能够在多大程度上覆盖企业债务，能够较好地衡量企业的债务偿还能力。②经营困境的关联指标选择资产报酬率，临界值为行业中位数，如果企业资产报酬率小于行业中位数且连续两年下降则说明其陷入经营困境。资产报酬率是企业盈利模式、盈利能力优劣的体现，如果其小于行业中位数则说明该企业盈利能力不良，加之连续两年下降则说明盈利能力不良并非偶发性事件。③产能过剩困境的关联指标选择产能利用率，临界值为行业中位数，如果企业产能利用率小于行业中位数且连续两年下降则说明其陷入产能过剩困境。产能利用率是企业生产效率以及资产使用效率的体现，如果其小于行业中位数，则说明企业生产效率及资产使用效率低下，加之连续两年下降则说明产能利用率低下并非偶发性事件。④外部援助困境的关联指标选择输血率，即企业获取的政府补助与新增借款之和与经营活动现金流出额的比值。临界值为行业中位数，如果企业输血率大于行业中位数则说明其陷入外部援助困境。输血率是企业依赖外部援助程度的体现，其数值越大，外部给予企业的资源越多，企业正常经营活动获取的收益越不占据主要地位。⑤僵而不死困境的关联指标选择困境持续年度，即如果上述四种困境持续两年则表明企业陷入僵而不死困境。当企业陷入各种困境的时间越长，容易出现困境的"沼泽效应"，这会使困境程度加深、恶化速度加快，恢复至正常状态的难度越高，企业越僵而不死。综上，五重困境视角下的僵尸企业识别方案如表4.1所示。

表4.1 五重困境视角下的僵尸企业识别方案

困境维度	关联指标	判断标准
财务困境	现金流到期债务保障倍数	小于1
经营困境	资产报酬率	小于行业中位数、且连续两年下降
产能过剩困境	产能利用率	小于行业中位数、且连续两年下降
外部援助困境	输血率	大于行业中位数
僵而不死困境	困境持续年度	财务困境、经营困境、产能过剩困境、外部援助困境持续两年

进一步地，本书认为，当企业同时满足上述五重困境维度的指标条件时，则将该企业识别为僵尸企业。

4.2.2 返僵企业的精准识别

识别僵尸企业是识别返僵企业的基础。逻辑上，从僵尸企业识别的角度来看，一家企业可以划分为三种主要类型：非僵尸企业、单次僵尸企业、返僵企业。其中，①非僵尸企业是指在样本期间内，从未被识别为僵尸企业的企业。如果在特定年度识别为僵尸企业取值为1，未被识别为僵尸企业取值为0，那么在样本企业中，这种类型的企业可以用0000000表示。需要注意的是，非僵尸企业可以进一步划分为正常企业和准僵尸企业，正常企业是指没有陷入五重困境中任一困境的企业。准僵尸企业是指虽然不满足僵尸企业识别标准，但陷入了五重困境中若干困境的企业，即使当前不满足僵尸企业识别标准，但未来具有较高概率成为僵尸企业。②单次僵尸企业是指在样本期间内，满足僵尸企业识别条件的企业。僵尸企业可以进一步划分为一次性僵尸企业和顽固性僵尸企业，一次性僵尸企业是指样本企业某一年度满足僵尸企业识别条件的企业，这种类型的企业可以用0001000表示。而顽固性僵尸企业是指样本企业连续两年及以上满足僵尸企业识别条件的企业，这种类型的企业可以用0011100表示。当企业不再满足僵尸企业识别标准时则重新变成非僵尸企业，这种企业可以叫作"脱僵企业"。③返僵企业是指在样本期间内，"脱僵企业"在之后的年度又满足僵尸企业识别标准的企业。返僵企业可以单次返僵也可以多次返僵，这种类型的企业可以用0010100表示。而返僵企业是本书需要重点考察的对象，因为相较于单次僵尸企业，返僵企业迷惑性、危害性更大，对其进行预警的难度也更高，所以对其进行深入研究具有重要理论意义和实践意义。

4.2.3 僵尸企业与返僵企业的基本统计特征

根据僵尸企业识别方法，本书列示了分年度僵尸企业识别情况和非僵尸企业、单次僵尸企业、返僵企业总体统计情况。表4.2为分年度僵尸企业识别情况。该表统计的是在2009—2022年不存在数据缺失的样本，也即使用的是平衡面板数据。在此基础上，分年度识别符合僵尸企业识别标准的样本，也即计算每一个年度符合僵尸企业识别标准的样本数量和样本比重，以及每一个年度不符合僵尸企业识别标准的样本数量和样本比重。根据统计结果可知,采用五重困境视角下的识别方案所识别出来的僵尸企业占比较低,表明该识别标准是较为严格的,能够较大程度上确保识别质量。其中2012年僵尸企业的占比相对较高,这与现有研究结果较为接近,可能的原因在于我国2012年经济增速大幅放缓,并且为了应对2008年金融危机而推出的财政支持计划所导致的后续效应在2012年开始显现。此外,2022年的僵尸企业占比也较高,可能原因在于2020年的重大公共卫生突发事件带来的不良反应具有时滞性,直到2022年才显现出来。需要说明的是,考虑到数据可得性,本书使用的样本数据是上市公司数据,而上市公司属于"精英中的精英",其整体经营状况要好于绝大多数企业。上市公司中的僵尸企业比例较低,加之本书采用了非常严格的僵尸企业识别标准,因此分年度的僵尸企业数量占比在全样本1‰附近是合理的。

表 4.2　分年度僵尸企业识别情况

年度	非僵尸企业		僵尸企业	
	数量（家）	比重（％）	数量（家）	比重（％）
2009	2 287	99.91	2	0.09
2010	2 283	99.74	6	0.26
2011	2 273	99.30	16	0.70
2012	2 248	98.21	41	1.79
2013	2 264	98.91	25	1.09
2014	2 258	98.65	31	1.35
2015	2 261	98.78	28	1.22
2016	2 266	99.00	23	1.00
2017	2 275	99.39	14	0.61
2018	2 273	99.30	16	0.70
2019	2 268	99.08	21	0.92
2020	2 260	98.73	29	1.27
2021	2 275	99.39	14	0.61
2022	2 249	98.25	40	1.75

表 4.3 为 2009—2022 年非僵尸企业、单次僵尸企业、返僵企业总体统

计情况。该表统计的是在 2009—2022 年不存在数据缺失的样本，也即使用的是平衡面板数据。在此基础上，当企业在样本期间内属于 0010100 型时，则该企业整体被标记为返僵企业；当企业在样本期间内属于 0001000 型或 0011100 型时，则该企业整体被标记为单次僵尸企业；当企业在样本期间内属于 0000000 型时，则该企业整体被标记为非僵尸企业。可以看到，2009—2022 年共有 2 289 家企业被纳入统计，其中非僵尸企业共有 2 040 家，占比 89.12%；单次僵尸企业共有 227 家，占比 9.92%；返僵企业共有 22 家，占比 0.96%。数据说明我国绝大多数上市公司不是僵尸企业，但是存在僵尸企业脱僵后又重新成为僵尸企业的情况，这种情况占整体的 1% 左右。这从侧面反映了现有的针对僵尸企业的治理还存在"漏网之鱼"，相关的治理成效还需要进一步加强巩固。

表 4.3 非僵尸企业、单次僵尸企业、返僵企业总体统计情况

非僵尸企业		单次僵尸企业		返僵企业	
数量（家）	比重	数量（家）	比重	数量（家）	比重
2 040	89.12%	227	9.92%	22	0.96%

4.3 "脱僵企业"返僵风险动态预警输入指标设计

4.3.1 "脱僵企业"返僵风险动态预警输入指标设计思路

根据预警理论可知，预警输入指标是建立"脱僵企业"返僵风险动态预警模型要使用到的前置信息来源，即通常意义上的警兆。根据本书作者前期研究发现，学界通常采用理论分析法和实证筛选法两种方法进行预警输入指标的确定。理论分析法是指基于理论推导、经验分析和现有文献来确定一套相对合理且相对固定的指标体系的方法。实证筛选法是指首先在较大范围内尽可能多地将待选指标纳入初步指标体系；然后利用实证统计方法筛选出在困境企业和非困境企业间具有显著统计差异的指标；最后再使用筛选后的指标组成预警输入指标体系的方法。本书主要采用第一种方法，主要原因在于：第一，理论分析法至少可以确保指标体系是合理且稳定的。基于现有理论、经验或文献，可以明确警兆和警情之间的因果规律，从警兆中选择具有代表性的预警输入指标，能够保证指标的合理性，且指标体系不会随着样本的变动而变动。第二，利用实证筛选法对指标进行筛选可能会出现逻辑矛盾的情况，经过筛选后指标可能只包含了某几类警兆中的具有统计显著性的指标，而剔除了警兆中不具有统计显著性的指标，导致预警输入指标体系不够全面。并且随着样本变化，统计上具有显著性的指标也会发生变化。如果不能在理论上或逻辑上对这种变化进行合理解释，就会陷入数据挖掘的陷阱，即使最终的预警结果较好也是限于训练样本，模型的泛化能力较差。第三，理论是事物之间一般性规律的总结，随着理论和实践的不断发展，人们会对僵尸企业为什么在脱僵后又重新返僵的认识不断加深。有价值的预警输入指标会随着时间的推移逐步得到发掘，从未来的视角看，当前的指标永远都是不充分的。即使基于现有理论对指标进行选取，同一理论框架下的预警输入指标数量也是十分庞大，选多少数量的指标合适、所有入选指标是不是都能发挥作用、指标体系太过复杂庞大是否会提升操作难度和应用价值，这都是需要考虑的问题。由于理论的不断发展和事物之间的普遍联系，无法穷尽所有对预警对象有影响的因素，因此在预警研究中，预警输入指标的充分性难以得到完善的解决，在这种情况下，至少需要保证入选指标的合理性。

4.3.2 "脱僵企业"返僵风险动态预警输入指标类别

根据僵尸企业的定义并结合僵尸企业的识别标准可知，僵尸企业具有僵尸企业财务风险较高、经营陷入困难、产能过剩问题严重、需要依靠外部输血才能生存、不健康状态在时间上具有持续性五大特征。而在逻辑上，财务风险较高、经营陷入困难、产能过剩问题严重可以归纳为僵尸企业的造血功能低下，属于造血性指标；需要依靠外部输血才能生存可以归纳为僵尸企业的输血程度较重，属于输血性指标；不健康状态在时间上具有持续性可以归纳为僵尸企业的僵尸化状态可能呈现"短期内上下波动，而长期看持续恶化"的情形，属于时间性指标。

4.3.2.1 造血性指标

造血性指标可以反映企业的生命活力，如果具有良好的造血功能则能够给企业带来健康的生命力，而如果造血功能不足则会使企业陷入不健康的状态。

首先,企业生产经营所需资金主要来源于外界的股权投资或债权投资,其中股权投资不需要到期偿还,而债权投资则需要到期偿还。这就说明企业基于外界的债权投资获取的资金具有使用期限,一旦逾期不能偿还到期债务,在法理上就需要破产清算。到期不能偿还债务的风险也称作财务风险,较高的财务风险会压缩企业发展空间,扭曲企业发展方向,从而进一步陷入财务困境,造成实质性违约。企业财务状况即财务能力指标,可以用现金流到期债务保障倍数进行衡量。现金流到期债务保障倍数等于经营活动现金流量与到期偿还债务值的比值,表明企业一个年度内可支配的现金流量能够在多大程度上覆盖到期债务。该指标数值越大,说明企业债务偿还能力越高,到期不能偿还债务的财务风险越低。

其次,企业为了维持生产经营,就需要有充足的利润进行支撑。企业的经营状况是其经营模式的结果,如果企业有健康的经营模式,就能够依靠生产经营活动持续获取正常利润,从而维持企业运转。如果企业经营模式出现问题,则企业获取利润的能力不足,就难以维持日常开支,并逐步陷入亏损的境地,并将企业留存收益耗尽,最终面临被市场淘汰的结局。企业经营状况即经营能力指标,可以用资产报酬率进行衡量。资产报酬率等于息税前利润与资产总额的比值,是反映企业经营模式优劣的重要指标。该指标可以在同行业不同企业之间直接进行比较,该指标越大说明企业经营模式越发优越;而该指标长期过低,则说明企业经营模式存在问题,难以通过正常经营获取维持日常运转所需的收益。

最后,资源是有限的,企业对资源的利用效率也在一定程度决定了企业生产和发展。在微观层面,评价企业对资源的利用效率可以用产能利用率来衡量。正常情况下,企业的产出水平一般是与企业当前已有的生产条件相匹配。而在非正常情况下,企业实际产出水平与企业当前生产能力不匹配,而这种不匹配在我国曾经多呈现为实际产出水平小于实际生产能力,即产能过剩。如果企业能够保持正常的产能利用率,则表明企业资本性投入能够匹配市场需求,企业当前的生产模式是健康的。但是如果企业产能利用率过低,则表明企业有大量资产闲置,资源极度浪费,企业当前生产模式是不可持续的。产能利用率等于营业收入除以非流动性资产减去在建工程之差,是反映企业生产模式的重要指标。该指标越高说明企业生产模式越高效，投产的生产设备能够极大地发挥效能；但是该指标越低，则表明企业存在越多生产设备闲置或生产效率低下，就会造成更多地资源浪费。

现金流到期债务保障倍数、资产报酬率、产能利用率是特征性指标。当上述三个造血性指标取历史数据时，是企业僵尸化困境以及自身状态变化的警兆，可以直接作为"脱僵企业"返僵风险动态预警输入指标的组成部分。当上述三个造血性指标取即时数据时，可以在一定程度上反映企业陷入财务困境、经营困境、产能过剩困境的严重程度，并用于合成计算僵尸状态指数，进而转化为"脱僵企业"返僵风险动态预警输出指标。

4.3.2.2 输血性指标

僵尸企业的核心特征之一就是需要依靠外部援助才能不被市场淘汰。理论上，外界对僵尸企业的援助形式包括但不限于特惠利息、常青贷款、政府补助、票据贴现贴息、资本注入、债务减免、债转股、停止付息、非独立关联交易等。实践中，僵尸企业主要外部援助方是政府和银行，主要的形式是政府补助和银行贷款。企业在日常经营过程中获取政府补助和银行贷款是正常现象，但是获取政府补助和银行贷款超过企业经营活动所需的现金流出时，援助的剩余资金就会用于弥补非正常经营性支出，从而掩盖资不抵债的事实，使僵尸企业不会被市场立马淘汰。输血率越高，表明僵尸企业接受外部援助的程度越高，企业陷入外部援助困境越深。考虑到输血率是反向指标，为了保持与其他指标方向一致，本书使用反输血率来衡量外部援助状况。反输血率等于经营活动现金流出小计除以政府补助与银行贷款增加额之和。该指标是输血率的反向指标，其数值越大，反映企业受到外部援助越低；而该指标数值越小，说明企业受到外部援助越高。

反输血率是特征性指标。当上述输血性指标取历史数据时，是企业僵尸化困境以及自身状态变化的警兆，可以直接作为"脱僵企业"返僵风险动态预警输入指标的组成部分。当上述输血性指标取即时数据时，可以在一定程度上反映企业陷入外部援助困境的严重程度，并用于合成计算僵尸状态指数，进而转化为"脱僵企业"返僵风险动态预警输出指标。

4.3.2.3 时间性指标

企业状态既可能由于受到即时因素的影响而造成短期上的波动，又具有长期趋势性的发展方向，因此利用 HP 滤波技术，可以将一段时期内的 ZSI（僵尸状态指数，下文称为 ZSI）进行分解，得到相应的短期波动值和长期趋势值，使在后续建模过程中让机器学习模型能够排除时间上的噪声，以清晰区分企业状态波动—稳定信息，从而增强模型性能。

一方面，企业面临着复杂的内外部环境，其实际状态可能受到临时性因素的影响而发生波动。短期波动改变不了企业长期发展趋势，但是会对下期状态产生影响，因此在预警时需要予以充分考虑。后文研究表明，ZSI 是反映单个企业僵尸状态的综合指数。在一段时间内，企业的 ZSI 并非直线变化而是波动变化的。结合时间序列相关理论可知，ZSI 的这种变化同时受到短期变化和长期变化的影响，基于这种变化规律可以将 ZSI 的变化值分解成短期波动项和长期趋势项。ZSI 短期波动是基于前文计算的 ZSI 经过 HP 滤波分离得到的短期波动值，该数值包含了每个样本 ZSI 的短期波动信息。将其纳入"脱僵企业"返僵风险动态预警输入指标体系有助于在建立预警模型时消除时间上的短期噪声。

另一方面，虽然企业实际状态可能受到临时性因素的影响而发生波动，但是其长期发展方向具有向上或向下的惯性特征。根据前文分析可知，企业 ZSI 值的变化同时受到短期变化和长期变化的影响，并进一步可以分解为短期波动项和长期趋势项。ZSI 长期趋势是基于前文计算的 ZSI 经过 HP 滤波分离得到的长期趋势值，该数值包含了每个样本 ZSI 的长期演化信息。将其纳入"脱僵企业"返僵风险动态预警输入指标体系有助于在建立预警模型时把握时间上的长期发展规律。

僵尸状态指数短期波动和长期趋势是特征性指标。当上述两个时间性指标取历史数据时，是企业自身状态变化的警兆，可以直接作为"脱僵企业"返僵风险动态预警输入指标的组成部分来提升警兆丰富性。但考虑到两者数据的获取需要先行得到 ZSI，因此不能用于合成转化为"脱僵企业"返僵风险动态预警输出指标。

基于上述分析，本书选择在理论上可以追踪或反映企业僵尸状态的警兆指标以构成"脱僵企业"返僵风险动态预警输入指标体系，即本节确定的由历史数据组成的 6 个指标。具体如表 4.4 所示。

表 4.4 "脱僵企业"返僵风险动态预警输入指标

指标特性	指标维度	指标名称	指标代码	计算方法
造血性	财务能力指标	现金流到期债务保障倍数	$X1_{t-1}$	经营活动现金流量/到期偿还债务值
	经营能力指标	资产报酬率	$X2_{t-1}$	息税前利润/资产总额
	产能利用指标	产能利用率	$X3_{t-1}$	营业收入/(非流动性资产—在建工程)
输血性	外部援助指标	反输血率	$X4_{t-1}$	经营活动现金流出小计/(政府补助+银行贷款增加额)
时间性	状态波动指标	ZSI 短期波动	$X5_{t-1}$	ZSI 经过 HP 滤波分离得到的短期波动值
	状态趋势指标	ZSI 长期趋势	$X6_{t-1}$	ZSI 经过 HP 滤波分离得到的长期趋势值

注：指标代码中的下标 $t-1$ 表示该指标数据为滞后一期的历史数据。

4.4 "脱僵企业"返僵风险动态预警输出指标设计

4.4.1 "脱僵企业"返僵风险动态预警输出指标设计思路

从建模的技术视角来看，输入决定输出，即输出信息的形式应根据输入信息的要求来确定。因此在构建"脱僵企业"返僵风险动态预警指标体系时先设计输入指标，再设计输出指标。预警输出指标应当是反映"脱僵企业"再次成为僵尸企业风险的指标，即预警活动中的警度。在评估"脱僵企业"再次成为僵尸企业风险时应当综合考虑僵尸企业各方面的核心特征，因此为了达到这个目标，就需要按照一定的方法将不同指标进行整合，进而得到能够反映返僵风险程度的综合性指数。本书首先结合僵尸企业的识别标准，选取现金流到期债务保障倍数（$ZX1_t$）、资产报酬率（$ZX2_t$）、产能利用率（$ZX3_t$）、反输血率（$ZX4_t$）4 个特征性指标的当期值来衡量企业的财务状况、经营状况、产能利用状况以及外部援助状况。然后使用主成分分析法进行数据降维，对各项指标进行整合汇总，确定各项指标之间的权重，利用线性组合得到方向企业僵尸状态的综合指数，本书称为僵尸状态指数。最后以僵尸状态指数反映"脱僵企业"再次成为僵尸企业的风险。

4.4.2 僵尸状态指数构建

4.4.2.1 样本选择

本书以上市公司为研究样本,样本期间为 2007—2022 年。之所以选择上市公司进行研究是因为上市公司的数据是目前所能获取的收集成本低、质量可保证、指标最多样、内容最丰富的微观实体数据,相较于学界常用的自行调研数据、中国工业企业数据库数据具有较大优势。之所以选择 2007—2022 年作为研究期间是因为我国于 2007 年建立了统一的企业会计制度,使各企业数据口径横向可比,因此以 2007 年作为研究期间的起点,又因为截止到本书研究完成,能够获取的最新上市公司数据截止到 2022 年,所以以 2022 年作为研究期间的终点。此外本书在建模前剔除了金融业上市公司,最终本书参与构建僵尸状态指数的企业-年度样本共计 60 210 个。

4.4.2.2 数据清洗

(1)离群值清洗

离群值是指偏离样本整体期望值幅度过大的指标取值。离群值作为一种数量噪声会掩盖样本正常的统计规律,干扰数据分析结果。由于单个样本的特异性因素会使其评价指标偏离正常值,所以在进行数据分析之前需要对离群值进行清洗。本书首先检验各项指标的极大值、极小值、均值、标准差;再根据样本统计情况对各项指标进行上下 5% 替换缩尾,以此消除离群值的影响;最后确保样本信息不被丢失。

(2)方向校准

指标根据与其衡量的状态方向变化关系可以分为正向指标和反向指标。正向指标是指其变化同向反映企业健康状况的指标,比如现金流到期债务保障倍数、资产报酬率、产能利用率是正向指标,上述指标的增加(降低)分别表明企业财务能力、经营能力、产能利用效率提升(减弱);反向指标是指其变化反向反映企业健康状况的指标,比如输血率是反向指标,该指标的增加(降低)表明企业依靠外部援助的程度越严重(缓解)。考虑到 ZSI 取值越高,样本越健康,因此本书对现金流到期债务保障倍数、资产报酬率、产能利用率三个正向指标不进行方向校准，而对输血率这一负向指标采取倒数的方式将其正向化，并取名为反输血率。

（3）标准化处理

一般情况下，不同的评价指标在数量级上容易存在差异。如果将不同数量级的指标放在一起进行统计分析，数量级大的指标会稀释数量级小的指标，使数量级小的指标不能贡献有用信息。为了消除指标之间由于数量级差异造成的不良影响，在进行数据分析前需要对数据进行无量纲化处理。考虑到后续使用主成分分析法对各项指标进行降维，因此比较适合使用 Z-score 方法对各项指标进行标准化处理，使处理后的数据符合标准正态分布（均值为 0，标准差为 1），转换函数为：$x^* = (x - \mu)/6$，其中：μ 为样本数据的均值，6 为样本数据的标准差，x 为转换前的数据值，x^* 为转换后的数据值。

4.4.2.3　主成分分析

主成分分析是一种常见的降维方法，可以将一个指标列表合成为一个综合指数，并可以尽可能多地保留指标列表中所蕴含的信息。表 4.5 显示了对 4 个指标进行分析的主成分分析基础信息表，反映了 4 个主成分的特征值、特征值差额、方差贡献率以及累积方差贡献率。可以看到，有 2 个主成分的特征值大于 1，但只包含了原始数据信息总量的 63.75%。而第 3 个主成分和第 4 个主成分虽然特征值小于 1，但是对信息增量的贡献都超过 14%。因此为了不减损所有指标所蕴含的信息量，本书使用 4 个主成分进行进一步分析。

表 4.5　主成分分析基础信息表

主成分	特征值	特征值差额	方差贡献率	累计方差贡献率
Comp1	1.530 4	0.510 9	0.382 6	0.382 6
Comp2	1.019 5	0.148 5	0.254 9	0.637 5
Comp3	0.871 0	0.291 9	0.217 8	0.855 2
Comp4	0.579 1	—	0.144 8	1.000 0

由于反向指标进行了方向校准，所有指标均为正向指标，所以根据主成分分析基础信息表可以构造出样本 ZSI 的基础公式：

$$ZSI = \sum_{i=1}^{n} \left(\frac{\lambda_i}{m}\right) F_i = 0.382\ 6 * F_1 +$$

$$0.254\ 9 * F_2 + 0.217\ 8 * F_3 + 0.144\ 8 * F_4 \qquad 公式（4.1）$$

其中，ZSI 为僵尸状态指数，λ_i 为对应主成分的特征值，m 为指标个数（本书取4），n 为提取的主成分个数（本书取4），F_1 至 F_4 为提取的每个主成分得分。ZSI 为正向化指标，其取值越大则说明企业僵尸状态程度越浅，其取值越小则说明企业僵尸状态程度越深。

使用主成分分析要求指标之间具有较高相关性，一般采用 KMO 检验。KMO 统计量取值在 0 到 1 之间，其越接近于 1，则证明指标体系相关性越强；其越接近于 0，则证明指标体系相关性越弱。根据表4.6，可知整体 KMO 值的平均值为 0.532 2，变量间具有一定相关性，可以使用主成分分析。

表 4.6　变量间的 *KMO* 值检验

变量	$ZX1_t$	$ZX2_t$	$ZX3_t$	$ZX4_t$	平均值
KMO 值	0.658 1	0.521 5	0.404 4	0.529 3	0.532 2

表4.7展示了4个原始变量与4个主成分的因子荷载矩阵。因子荷载矩阵代表原始变量与每个主成分的关系强弱，某个原始变量与某个主成分关系更加密切，说明该变量在该主成分上的荷载就更大，两者间荷载系数的数值也就更大。根据表4.7所示，在第1个主成分中，资产报酬率的荷载系数最大，说明第1个主成分包含了更多的经营模式相关信息。在第2个主成分中，现金流到期债务保障倍数的荷载系数最大，说明第2个主成分包含了更多的财务能力相关信息。在第3个主成分中，反输血率的荷载系数最大，说明第3个主成分包含了更多的外部援助相关信息。在第4个主成分中，产能利用率的荷载系数最大，说明第4个主成分包含了更多的生产模式相关信息。

进一步地，由于因子荷载矩阵的数据不是各项指标对主成分线性组合的权重，应当根据因子荷载矩阵列示的因子荷载系数分别除以各主成分对应的特征值平方根，得到4个主成分分别与原始指标组成线性组合的权重，即主成分得分系数矩阵，计算结果见表4.8。

表 4.7 原始变量——主成分因子荷载矩阵

变量	Comp1	Comp2	Comp3	Comp4
$ZX1_t$	0.253 1	0.935 4	0.097 0	0.227 3
$ZX2_t$	0.768 6	0.122 4	−0.375 4	−0.503 3
$ZX3_t$	0.755 7	−0.325 9	−0.244 3	0.512 8
$ZX4_t$	0.551 8	−0.153 0	0.813 0	−0.105 5

表 4.8 主成分得分系数矩阵

变量	Comp1	Comp2	Comp3	Comp4
$ZX1_t$	0.204 6	0.926 4	0.103 9	0.298 6
$ZX2_t$	0.621 3	0.121 2	−0.402 3	−0.661 4
$ZX3_t$	0.610 9	−0.322 8	−0.261 7	0.673 9
$ZX4_t$	0.446 0	−0.151 5	0.871 1	−0.138 6

根据表 4.8 主成分得分系数矩阵，可以得到 4 个主成分的线性表达式，具体见公式 4.2 至公式 4.5。

$$F1 = 0.204\ 6 \times ZX1_t + 0.621\ 3 \times ZX2_t + 0.610\ 9 \times ZX3_t + 0.446\ 0 \times ZX4_t$$

公式（4.2）

$$F2 = 0.926\ 4 \times ZX1_t + 0.121\ 2 \times ZX2_t - 0.322\ 8 \times ZX3_t - 0.151\ 5 \times ZX4_t$$

公式（4.3）

$$F3 = 0.103\ 9 \times ZX1_t - 0.402\ 3 \times ZX2_t - 0.261\ 7 \times ZX3_t + 0.871\ 1 \times ZX4_t$$

公式（4.4）

$$F4 = 0.298\ 6 \times ZX1_t - 0.661\ 4 \times ZX2_t + 0.673\ 9 \times ZX3_t - 0.138\ 6 \times ZX4_t$$

公式（4.5）

将公式 4.2 至公式 4.5 分别带入公式 4.1，就可以得到衡量企业 ZSI 的最终计算公式 4.6：

$$ZSI = 0.380\ 3 \times ZX1_t + 0.085\ 2 \times ZX2_t +$$
$$0.192\ 0 \times ZX3_t + 0.301\ 7 \times ZX4_t \quad 公式（4.6）$$

其中，$ZX1_t$ 至 $ZX4_t$ 为原始变量经 Z - score 标准化后的当期值。通过以上计算，可以得出每个样本年度的 ZSI，其数值越大说明样本实际状态越好、返僵风险越低；其数值越小则说明样本僵尸化程度越深、返僵风险越高。表4.9显示了本书样本 ZSI 的统计特征。

表 4.9 **ZSI 统计特征**

统计量	均值	标准差	极小值	1/4分位数值	中位值	3/4分位数值	极大值
ZSI	0.000 7	0.586 4	−1.011 1	−0.411 7	−0.190 4	0.213 2	3.063 9

图 4.2 展示了僵尸企业和非僵尸企业在样本期间内平均 ZSI 的动态变化图。根据图 4.2 可知，在整个样本期间内，僵尸企业的平均 ZSI 均低于非僵尸企业的平均 ZSI，这与逻辑相符。

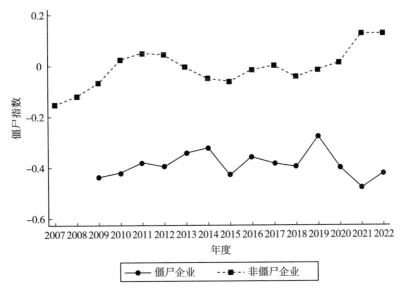

图 4.2 僵尸企业与非僵尸企业的平均 ZSI 对比

4.5 本章小结

本章在相关性、科学性、全面性、可得性原则下，明确了五重困境视角下的僵尸企业精准识别标准，并在此基础上识别了僵尸企业和返僵企业。同时确立了"脱僵企业"返僵风险动态预警输入指标和输出指标。

在预警输入指标层面，本书认为，僵尸企业的识别指标可以同时成为预警输入指标的组成部分和预警输出指标的计算依据，区别在于识别指标作为预警输入指标时是进行滞后处理的历史数据，具有警兆的属性；识别指标作为预警输出指标的计算依据时是即时数据，反映企业当前的状态。此外，考虑纳入企业僵尸状态的短期波动值和长期趋势值，有助于在后续建模过程中让机器学习模型能够排除时间上的噪声，从而增强模型性能。因此，本书选择在理论上可以追踪或反映企业僵尸状态的警兆指标来构成"脱僵企业"返僵风险动态预警输入指标体系，即由历史数据组成的现金流到期债务保障倍数、资产报酬率、产能利用率、反输血率、短期波动、长期趋势 6 个指标。上述 6 个指标在建立预警模型时不需要进行显著性筛选，能够保证预警输入指标的稳定性与合理性。

在预警输出指标层面，本书将能够反映即时返僵风险特征的 4 个代理指标用于合成 ZSI。具体而言，选择 2007—2022 年非金融业上市公司作为研究样本，对样本数据进行离群值清洗、方向校准、标准化处理，并基于信息无损视角确定以四因子为基础建立 ZSI 计算模型。变量整体的 KMO 值的平均值大于 0.5，相关性较强，适合采用主成分分析法对指标进行降维拟合。由于对反向指标进行了方向校准，所以 ZSI 属于正向指标，其数值越高说明样本健康状况越好、返僵风险越低；数值越低则说明样本健康状况越差、返僵风险越高。

第 5 章 "脱僵企业"返僵风险动态预警模型构建研究

本章利用我国上市公司数据，基于前述理论和指标体系构建"脱僵企业"返僵风险动态预警模型。首先，对本章采用的建模方法进行详细阐述，并基于遗传算法和 BP 神经网络的特征设计预警流程。然后，对建模样本进行等数量随机抽取，并对预警阈值进行计算，将警度划分为无警、震荡、有警。最后，基于遗传算法－BP 神经网络对抽取的训练样本进行训练，确定预警模型的关键参数，在此基础上构建预警模型，并对模型进行检验分析。

5.1 基于遗传算法－BP 神经网络的动态预警流程设计

BP 神经网络是一种经典的监督式机器学习方法。该方法的特点在于输入信号前向传递，由此产生的误差反向传播，在此过程中根据误差不断修正输入信号和输出信号之间的权值和阈值，使输出信号的预测值尽可能接近真实值。遗传算法则是指通过计算机多次迭代自动搜索全局最优模型参数，以提高预警模型的预测准确度的一种机器学习方法。将两种机器学习方法进行整合，并设计一套行之有效的数据处理流程，有助于提高"脱僵企业"返僵风险动态预警模型的构建效率。

5.1.1 BP 神经网络

5.1.1.1 人工神经网络概述

人工神经网络（Artificial neural network，ANN）是在人脑工作机理的启发下建立的一种数据处理模型。它是由简单处理单元构成的大规模并行分布式处理系统，这些处理单元被称为神经元或神经节点。人工神经网络与人脑存在两个方面的相似性：通过学习过程获取知识；通过连接权值存储知识（Haykin，2008）。具体而言，人工神经网络可以对预先提供的输入信息和输出信息进行深度训练学习，总结两端信息源之间的规律，并对新的输入信息按照总结的规律进行输出信息的仿真模拟。

人工神经网络可以将非线性信息存储在连接权值中，学习总结数据间的各种非线性规律。人工神经网络还具有较好的自学习性和自适应性，当数据信息发生变化时，人工神经网络可以总结新的规律，自动调整结构参数，使新的输入信息可以得到对应输入信息。人工神经网络具有较好的容错性，因为其信息存储是分布式的，所以局部某一处的信息损坏不会在很大程度上影响整体性能。由于以上性能，人工神经网络具有较为强大的数据拟合以及分类识别能力，并且其稳定性也较强。

人工神经网络本质上是一个分层的有向图（吴军，2014）。以一个典型的三层网络为例，第一层输入节点 X_1，X_2，…，X_n接受输入信息，在将信息传向第二层隐含层节点时，输入节点要首先利用输入层至隐含层的连接权值（W_0，W_1，…，W_n）进行线性转换，得到线性组合 $W_0+W_1X_1+W_2X_2+\cdots+W_nX_n$；然后再利用激活函数 $f(\cdot)$ 进行函数变换，将信息传递给第二层节点 S；其后按照这个原理将信息传递到输出层节点 Y；最后完成知识的学习训练和仿真模拟。在人工神经网络中连接权值是通过训练学习得到的，若要使用人工神经网络，只需要设计好两个部分，一是网络的结构，即网络的层级、每个层级的神经元、神经元之间的连接类型；二是网络的工作方式，包括各层级之间的激活函数 $f(\cdot)$、训练方法、训练参数。

连接权值根据外界信息进行的调整过程就是人工神经网络学习的过程，连接权值的学习分为有监督学习与无监督学习，其中有监督学习是同时给予人工神经网络输入信息和输出信息的学习，通过训练使在既定输入信息下，模型给出的实际输出与期望输出尽可能一致，这个过程不会一步到位，而是要不断反馈修正才能使结果达到预定精度。无监督学习是不给予输出信息的学习，由人工神经网络根据输入信息之间的关系自行进行规律的总结。本章所使用的 BP 神经网络就属于有监督学习的多层前馈人工神经网络。

5.1.1.2 BP 神经网络的工作原理

BP 神经网络（Back propagation network）是一种由输入层、隐含层和输出层组成的多层前馈神经网络,它的学习过程包含信息正向传播和误差反向传播两个部分。BP 神经网络是最为常见的人工神经网络,有资料显示,在实际应用中有 80% 的人工神经网络模型采用的是 BP 神经网络及其变化形式。BP 神经网络不需要预设规范的函数表达式,也不需要样本数据像回归分析那样满足统计分布的假设特征,具有较为宽松的使用限制。图 5.1 展示了一个包含单隐含层的 BP 神经网络拓扑结构,其中 x_1 至 x_m 表明输入层有 m 个神经节点,也即输入指标的个数有 m 个;h_1^1 至 h_i^1 表明单隐含层有 i 个神经节点;y_1 至 y_j 表明输出层有 j 个神经节点,也即输出指标的个数有 j 个。x_m 至 h_i^1 的连接权值为 θ_{mi},阈值为 $a_i(t)$。h_i^1 至 y_j 的连接权值为 ω_{ij},阈值为 $b_j(t)$。t 为迭代次数。

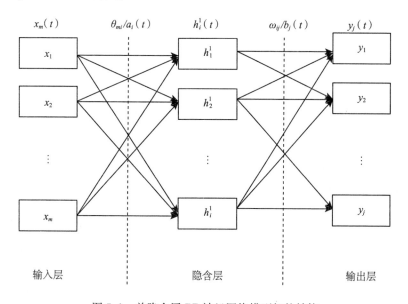

图 5.1 单隐含层 BP 神经网络模型拓扑结构

若用 I 和 O 表示各层的输入与输出,网络的实际输出为:

$$y(t)=[O_j^1,\ O_j^2,\ \cdots,\ O_j^j] \qquad \text{公式 (5.1)}$$

网络的目标输出为: $\quad g(t)=[g_1,\ g_2,\ \cdots,\ g_j] \qquad \text{公式 (5.2)}$

第 t 次迭代的误差为: $\quad e_j(t)=g_j(t)-y_j(t) \qquad \text{公式 (5.3)}$

5.1.1.3 数据信息的正向传播

输入层信号是整个网络的信号开端,其直接将信号输出给隐含层,由激活函数处理后再将信号由隐含层输出给输出层。

隐含层第 i 个神经节点的输入：

$$I_i^i(t) = \sum \theta_{mi} x_m + a_i(t) \qquad 公式（5.4）$$

隐含层第 i 个神经节点的输出：

$$O_i(t) = f\left(\sum \theta_{mi} x_m + a_i(t)\right)，\ f(\cdot)\ 为激活函数 \qquad 公式（5.5）$$

输出层第 j 个神经节点的输入：

$$I_j^j(t) = \sum \omega_{ij} f\left(\sum \theta_{mi} x_m + a_i(t)\right) + b_j(t) \qquad 公式（5.6）$$

输出层第 j 个神经节点的输出：

$$O_j^j(t) = f\left(\sum \omega_{ij} f\left(\sum \theta_{mi} x_m + a_i(t)\right) + b_j(t)\right) \qquad 公式（5.7）$$

输出层第 j 个神经节点的误差：

$$e_j(t) = g_j(t) - O_j^j(t) \qquad 公式（5.8）$$

输出层整体误差： $\quad e(t) = \dfrac{1}{2} \sum (e_j(t))^2 \qquad 公式（5.9）$

数据信息由输入层向之后的网络层次传递，学习的知识存储在连接权值和偏置值中，无论是对单隐含层还是对多隐含层的 BP 神经网络而言，其各网络层次之间数据信息的正向传播依旧遵循上述原理。

5.1.1.4 误差信息的反向传播

在误差修正前，BP 神经网络通过正向传播所产生的识别数值与期望数值会存在误差。对于误差，BP 神经网络会根据设定的训练准则反向逐层修正连接权值，使误差减小。误差修正的过程不断进行直到误差不在下降时，则完成训练，这个过程称作误差信息的反向传播。这个过程最重要的环节是选定训练准则，一般而言，BP 神经网络选择最优梯度下降算法。

首先计算误差对 h_i^1 至 y_j 连接权值 ω_{ij} 以及阈值 b_j 的梯度：$\dfrac{\partial e(t)}{\partial \omega_{ij}}$ 以及 $\dfrac{\partial e(t)}{\partial b_j}$

ω_{ij} 的修正公式为：

$$\Delta \omega_{ij} = -\eta \frac{\partial e(t)}{\partial \omega_{ij}} = -\eta \frac{\partial e(t)}{\partial I_j^j(t)} \cdot \frac{\partial I_j^j(t)}{\partial \omega_{ij}} = -\eta \frac{\partial e(t)}{\partial O_j^j(t)} \cdot \frac{\partial O_j^j(t)}{\partial I_j^j(t)} \cdot \frac{\partial I_j^j(t)}{\partial \omega_{ij}}$$

$$公式（5.10）$$

b_j 的修正公式为：

$$\Delta b_j = -\eta \frac{\partial e(t)}{\partial b_j} = -\eta \frac{\partial e(t)}{\partial I_j^j(t)} \cdot \frac{\partial I_j^j(t)}{\partial b_j} = -\eta \frac{\partial e(t)}{\partial O_j^j(t)} \cdot \frac{\partial O_j^j(t)}{\partial I_j^j(t)} \cdot \frac{\partial I_j^j(t)}{\partial b_j}$$

公式（5.11）

其次计算误差对 x_m 至 h_i^1 连接权值 θ_{mi} 以及阈值 a_i 的梯度：$\frac{\partial e(t)}{\partial \theta_{mi}}$ 以及 $\frac{\partial e(t)}{\partial a_i}$

θ_{mi} 的修正公式为：

$$\Delta \theta_{mi} = -\eta \frac{\partial e(t)}{\partial \theta_{mi}} = -\eta \frac{\partial e(t)}{\partial I_i^i(t)} \cdot \frac{\partial I_i^i(t)}{\partial \theta_{mi}} = -\eta \frac{\partial e(t)}{\partial O_i^i(t)} \cdot \frac{\partial O_i^i(t)}{\partial I_i^i(t)} \cdot \frac{\partial I_i^i(t)}{\partial \theta_{mi}}$$

公式（5.12）

a_i 的修正公式为：

$$\Delta a_i = -\eta \frac{\partial e(t)}{\partial a_i} = -\eta \frac{\partial e(t)}{\partial I_i^i(t)} \cdot \frac{\partial I_i^i(t)}{\partial a_i} = -\eta \frac{\partial e(t)}{\partial O_i^i(t)} \cdot \frac{\partial O_i^i(t)}{\partial I_i^i(t)} \cdot \frac{\partial I_i^i(t)}{\partial a_i}$$

公式（5.13）

根据以上公式求出各层连接权值以及阈值的变化增量用于更新下一轮训练的连接权值以及阈值。

输入层到隐含层的连接权值更新公式为：
$$\theta_{mi}(t+1) = \theta_{mi}(t) + \Delta \theta_{mi} \qquad 公式（5.14）$$

输入层到隐含层的阈值更新公式为：
$$a_i(t+1) = a_i(t) + \Delta a_i \qquad 公式（5.15）$$

隐含层到输出层的连接权值更新公式为：
$$\omega_{ij}(t+1) = \omega_{ij}(t) + \Delta \omega_{ij} \qquad 公式（5.16）$$

隐含层到输出层的阈值更新公式为：
$$b_j(t+1) = b_j(t) + \Delta b_j \qquad 公式（5.17）$$

其中，η 是 BP 神经网络的学习率，取值为 $[0，1]$，η 越大，对连接权值的修正幅度越大，学习速度越快，但也可能增加学习过程产生震荡的可能性；如果 η 越小则会降低学习速度，增加学习时间。在求出各层新的连接权值和阈值之后，再进行数据信息的正向传播。数据信息的正向传播和误差信息的反向传播交互进行，直至训练结果收敛或者达到终止训练的触发条件。

总而言之，样本数据由输入层进入 BP 神经网络，到达隐含层后由隐含层神经节点对全部输入信息进行加权累加，并经隐含层激活函数进行函数变换，形成隐含层神经节点的输出信息，最终隐含层输出信息被输出层神经节

· 61 ·

点接收后进行加权累加、函数变换形成输出层神经节点的输出信息。系统将神经网络的实际输出信息与预先给定的期望输出信息进行对比，如果计算误差超过设定目标，则利用按照设定的训练准则方向修正各层次神经节点之间的连接权值、偏置值。在这个过程中，BP 神经网络会不断积累对上一个样本的学习经验，如此不断重复，直到误差降到目标值以下。如果在设定的最大失败次数前仍未降到目标误差以下，则 BP 神经网络会终止训练，此时需要检查样本数据的合理性，或者对 BP 神经网络相关参数进行重新设定。

5.1.1.5 BP 神经网络参数的设定

（1）激活函数

BP 神经网络的激活函数主要包括对数 S 型 Log - Sigmoid 函数、正切 S 型 Tan - Sigmoid 函数、线性 Purelin 函数、硬限幅 Hardlim 函数、对称硬限幅 Hardlims 函数等。

前三类激活函数最为常用。其中，Log - Sigmoid 函数的代数表达式为：$f(x)=1/(1+e^{-x})$；Tan - Sigmoid 函数的代数表达式为：$f(x)=[2/(1+e^{-2x})]-1$；线性 Purelin 函数的代数表达式为 $g(x)=x$。Log - Sigmoid 函数和 Tan - Sigmoid 函数是可微可导函数，一般用于输入层与隐含层的信号传播，以及隐含层之间的信号传播，而线性 Purelin 函数则用于隐含层与输出层的信号传播。

（2）隐含层神经节点及层数

输入层和输出层的神经节点数是根据理论基础、研究内容决定的，确定它们的数量不能视作 BP 神经网络的参数设定。而隐含层神经节点数和层数是可以根据网络性能进行调整的，因此隐含层神经节点数和层数的确定属于 BP 神经网络的参数设定环节。隐含层神经节点数过高可能会增加网络复杂性，延长训练时间；而如果神经节点数过低则可能会遗漏样本知识，降低识别正确率。一般而言，单隐含层就能实现所有映射，而单隐含层的神经节点个数为 $i=\sqrt{m+n}+k$，其中 m 和 n 分别是输出层和输入层的神经节点数，k 是 [0，10] 之间的整数。

（3）其他参数

本书利用 Matlab22.0b 进行 BP 神经网络建模，除了要根据网络性能个性化调整各诊断模型的激活函数、隐含层神经节点及层数外，其他参数采用系统默认值或统一设定。其中涉及的参数为：最大迭代步骤、目标精度、最大验证次数、学习率[①]。

5.1.2 遗传算法

5.1.2.1 遗传算法概述

遗传算法起源于人们对生物系统"优胜劣汰、适者生存"的达尔文生物进化认识，是一种基于生物遗传进化机制的、适合复杂系统的自适应概率寻优技术。遗传算法（Genetic algorithms，GA）一词最初由密歇根大学 Bageley 于其博士论文中提出，之后由其老师 Holland 教授提出了遗传算法的基本模式定理。遗传算法利用适应度函数进行选择、交叉、变异三大操作，基于此保留适应度好的样本，并淘汰适应度差的样本。在设定的最大进化代数中反复循环，最后留下最适应条件设定的个体，从而求得问题的极优解。

5.1.2.2 遗传算法操作原理

（1）个体编码

个体编码是对每个个体使用一定的方法设置成具有一定长度的独特数据串，因此数据串也即个体的染色体。在 BP 神经网络中，个体编码通常由输入层与隐含层权值、隐含层阈值、隐含层与输出层权值、输出层阈值组成。

（2）计算适应度

一般而言，使用输出信号预测值和输出信号实际值之间误差绝对值之和与固定比的乘积作为适应度值 $fitness$，计算公式为：

$$fitness = k \times \sum_{i=1}^{n} abs(\widehat{out_i} - out_i) \qquad 公式（5.18）$$

其中，n 为网络输出节点数量，$\widehat{out_i}$ 为 BP 神经网络第 i 个节点的预测输

---

① 最大迭代步骤和目标精度是神经网络终止运行的触发条件，如果神经网络能够在达到终止运行条件前实现最佳收敛，则自动终止训练；否则在达到设定的最大迭代步骤或者目标精度时终止训练。最大验证次数是在最佳收敛的基础上增加的迭代步骤，以验证训练性能。学习率一般为 0.01～0.1，因为过大的学习率会降低网络的稳定性。

出值，out_i 为 BP 神经网络第 i 个节点的真实输出值，k 为固定比。适应度值越小，个体越优。

（3）选择操作

选择操作是利用一定的方法选择哪些个体进入到下一代用于寻优的过程。每一代中的个体根据其适应度值来决定是否被选择复制到下一代。基于适应度比例的选择策略，每个个体被选择的概率为 P_i，计算公式为：

$$P_i = \frac{fitness_i}{\sum\limits_{i=1}^{NIND} fitness_i} \qquad 公式（5.19）$$

其中，$fitness_i$ 为个体 i 适应度，$NIND$ 为每一代种群个体数目。

（4）交叉操作

交叉操作是将两个个体对应位置的编码信息进行交换，形成两个相似子代的过程，目的在于将不同可能解之间的信息进行交换。参照王小川等（2013）、周围（2018）的研究，第 k 个个体 I_k 和第 0 个个体 I_0 在 j 位的交叉操作为：

$$\begin{cases} I_{kj} = I_{kj} \times (1-r) + I_{0j} \times r \\ I_{0j} = I_{0j} \times (1-r) + I_{kj} \times r \end{cases} \qquad 公式（5.20）$$

其中，r 为 $[0, 1]$ 之间的随机数。

（5）变异操作

变异操作是改变所选个体的若干个位置的编码信息的过程。变异操作可以在一定程度上丰富个体的多样性，但变异概率不宜过大，否则容易大量遗失个体原有信息。参照王小川等（2013）、周围（2018）的研究，第 m 个个体的第 n 个编码信息 q_{mn} 的变异操作为：

$$q_{mn} = \begin{cases} q_{mn} + (q_{mn} - q_{max}) \times h(t) & r > 0.5 \\ q_{mn} - (q_{mn} - q_{min}) \times h(t) & r \leqslant 0.5 \end{cases} \qquad 公式（5.21）$$

其中，q_{max}、q_{min} 分别为 g_{mn} 的上限和下限；$h(t) = r_a(1 - t/T)^\lambda$，$r_a$ 为随机数，t 为当前迭代次数，T 为最大迭代次数，λ 为调整局部搜索区域的参数，一般取值为 2，r 为在区间 $[0, 1]$ 的随机数。

5.1.3　预警模型训练流程设计

遗传算法-BP 神经网络是一种将遗传算法和 BP 神经网络有机结合的机

器学习算法，两者结合了各自的优点。鉴于 BP 神经网络在训练开始时的输入层与隐含层权值、隐含层阈值、隐含层与输出层权值、输出层阈值是随机生成的，初始数值的不同对模型的预警性能影响较大。利用遗传算法对 BP 神经网络初始权值和阈值进行寻优，既可以避免人为对参数的调试，又在增强参数选取客观性的同时减轻了手动工作的负担；还可以通过大量迭代使最终确定的初始权值和阈值接近全局最优解，从而提升预警模型的工作性能。预警模型训练可以分为 BP 神经网络结构初始化、遗传算法参数初始化、遗传算法优化、BP 神经网络预测四个部分。基于遗传算法－BP 神经网络的预警模型训练流程具体如图 5.2 所示。

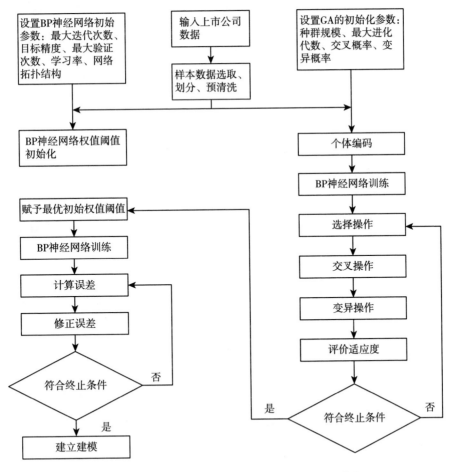

图 5.2 基于遗传算法－BP 神经网络的预警模型训练流程

5.2　样本选取与预警阈值计算

5.2.1　研究样本选取

为保持数据的一致性，本章以第 4 章数据为基础来进行研究样本的选取。第 4 章利用主成分分析法将输血率、产能利用率、现金流到期债务保障倍数、资产报酬率 4 个指标汇总计算了 ZSI，并基于平衡面板数据计算了各企业 2009—2022 年 ZSI 的短期波动值和长期趋势值。因为是需要建立预警模型的，逻辑上预警输入指标在时间上应当早于预警输出指标，所以本书拟通过对预警输入指标进行滞后一期处理来构建 $T-1$ 期预警模型。经过滞后处理的预警输入指标期间为 2009—2021 年，预警输出指标期间为 2010—2022 年，由于参与建模的企业数据均为平衡面板数据，所以每家企业有 13 年的连续数据。最终得到返僵企业 22 家（样本期内的僵尸企业脱僵后又反僵的企业），单次僵尸企业 227 家（包含样本期内某一年度识别为僵尸企业的企业或连续多年为僵尸企业的企业），非僵尸企业 2 040 家（样本期内从未识别为僵尸企业的企业）。需要说明的是，本书在确定样本时并未删除 ST 企业，主要原因在于：僵尸企业与 ST 企业的界定标准不完全相同，两套标准对企业进行识别的目标有所差异。在实务中僵尸企业或非僵尸企业均有可能与 ST 企业存在交叉成分，若强行删除 ST 企业数据会删除这类企业的特殊信息，这就可能导致后续训练得到的"脱僵企业"反僵风险动态预警模型存在"过拟合"问题，从而使模型的实际效果大大减弱。

在选择参与建模的样本时，本书以数量最少的返僵企业样本数量为基数，采用 1∶1∶1 的比例随机选取单次僵尸企业和非僵尸企业作为配对企业，即采用随机抽样方式各选择 22 家返僵企业、单次僵尸企业和非僵尸企业参与建模，共计 66 家企业，858 个企业-年度样本。之所以采用 1∶1∶1 的比例进行企业配对，主要原因在于：如果某一类型样本数量过少，机器学习算法在学习这类样本数据时所获取的信息会相对减少，会对这类样本的规律解析不足，进而影响预警模型后续对这类样本的预测准确率。

进一步地，根据机器学习算法的运行逻辑，在建立预警模型前需要将样本划分为训练样本和测试样本，训练样本用于计算预警模型的关键参数，测试样本用于检验预警模型的预警性能。理论上，充分的训练对于模型的稳定性和准确度更为重要，因此参照学界通常做法按 7∶3 的比例划分训练样本和测试样本，如此可以使模型在得到充分训练的同时也有足够的样本对训练得到的预警模型进行性能检验。为了确保不同预警指标在数量上保持统一量纲，在训练模型时对训练样本的预警输入指标进行 MAX－MIN 归一化处理，而研究样本的选取情况如表 5.1 所示。

表 5.1 研究样本选取

返僵企业				单次僵尸企业			非僵尸企业	
企业简称	股票代码	首次识别年度	返僵年度	企业简称	股票代码	首次识别年度	企业简称	股票代码
吉林化纤	000420	2011	2013、2019、2020	大通燃气	000593	2016	中集集团	000039
我爱我家	000560	2017	2022	盈方微	000670	2019	TCL 集团	000100
襄阳轴承	000678	2013	2015、2020	京蓝科技	000711	2014	顺钠股份	000533
德豪润达	002005	2013	2016	酒鬼酒	000799	2014	新华联	000620
山河智能	002097	2015	2022	河池化工	000953	2011	银河生物	000806
如意集团	002193	2016	2019	蓝焰控股	000968	2014	重药控股	000950
北新路桥	002307	2012	2021	FS科技	000973	2017	华英农业	002321
佳隆股份	002495	2017	2019	保利联合	002037	2022	双塔食品	002481
海源复材	002529	2014	2016	东方智造	002175	2016	世纪华通	002602
德力股份	002571	2020	2022	华东数控	002248	2012	通源石油	300164
亚玛顿	002623	2014	2016、2017	友阿股份	002277	2019	紫江企业	600210
首航高科	002665	2018	2020	蓝丰生化	002513	2013	重庆港	600279
坚瑞沃能	300116	2012	2014	恺英网络	002517	2014	华仪电气	600290
中科英华	600110	2010	2014	中青宝	300052	2011	创新新材	600361
金种子酒	600199	2019	2022	金通灵	300091	2018	江西铜业	600362
云南城投	600239	2015	2018	海伦哲	300201	2012	凯诺科技	600398
天通股份	600330	2012	2014	津膜科技	300334	2017	国电南瑞	600406
文一科技	600520	2012	2018、2019	两面针	600249	2014	九有股份	600462

（续）

返僵企业			单次僵尸企业			非僵尸企业	
企业简称	股票代码	首次识别年度	返僵年度	企业简称	股票代码	首次识别年度	企业简称	股票代码

返僵企业 企业简称	股票代码	首次识别年度	返僵年度	单次僵尸企业 企业简称	股票代码	首次识别年度	非僵尸企业 企业简称	股票代码
莫高股份	600543	2013	2016、2019、2020	振华重工	600320	2017	尖峰集团	600668
鲁抗医药	600789	2012	2018	中孚实业	600595	2012	闻泰科技	600745
春兰股份	600854	2012	2019	宜宾纸业	600793	2014	航天电子	600879
北辰实业	601588	2010	2014	林洋能源	601222	2017	风范股份	601700

5.2.2 预警阈值计算

由于 ZSI 是连续型变量，需要将 ZSI 的不同取值区间划分到不同警度之中。合理的区间划分可以使落在该区间内的样本表现出更为相似的特征，有助于提升预警结果的合理性和准确性。不同警度取值区间的确定在于明确 ZSI 的数值分割点，本书根据不同类型企业 ZSI 动态变化特点，界定 ZSI 预警指标分界点，进而设计"脱僵企业"返僵风险警度判定区间，具体而言，ZSI 预警指标分界点计算公式如下：

$$\eta_1 = \overline{ZSI_{nonzombie}} + t \times \sigma_{nonzombie} \qquad 公式（5.22）$$

$$\eta_2 = \overline{ZSI_{zombie}} - t \times \sigma_{zombie} \qquad 公式（5.23）$$

$$k_1 = \frac{1}{3} \times \eta_1 \qquad 公式（5.24）$$

$$k_2 = \frac{1}{3} \times (\eta_2 + 0.5 \times (\eta_1 + \eta_2)) \qquad 公式（5.25）$$

其中，η_1 为置信上限，$\overline{ZSI_{nonzombie}}$ 为训练样本中非僵尸企业的 ZSI 均值，t 为 90% 水平下的置信系数，即 1.64，$\sigma_{nonzombie}$ 为训练样本中非僵尸企业的 ZSI 标准差；η_2 为置信下限，$\overline{ZSI_{zombie}}$ 为训练样本中僵尸企业的 ZSI 均值，σ_{zombie} 为训练样本中僵尸企业的 ZSI 标准差；k_1 是警度为无警状态和震荡状态的分界点；k_2 是警度为震荡状态和有警状态的分界点。

进一步地，基于 ZSI 预警指标分界点的数值，可以得到"脱僵企业"返僵风险警度判定区间。根据训练样本相关数值进行计算，当样本 ZSI 小于 -0.3758 时，表明企业存在较大返僵风险；当样本 ZSI 大于等于

0.245 1 时，表明企业返僵风险较低；当样本 ZSI 小于 0.245 1 并大于等于
－0.375 8 时，表明企业处于震荡状态，有较大概率成为僵尸企业。具体如
表 5.2 所示。

表 5.2 "脱僵企业"返僵风险警度判定区间

判断规则	min≤ZSI<k_2	k_2≤ZSI<k_1	k_1≤ZSI≤max
对应区间	[－0.855 3，－0.375 8)	[－0.375 8，0.245 1)	[0.245 1，2.799 7]
对应警度	有警	震荡	无警

5.3 动态预警模型训练及结果分析

5.3.1 动态预警模型训练与建模

基于前文明确的方法模型、样本选取以及预警阈值，对"脱僵企业"返
僵风险动态预警模型的建模过程如下。

首先，以 22 个返僵企业为基数，各随机选取 22 个单次僵尸企业和非僵
尸企业进行配对，确保各类企业都有 13 期连续数据。

然后，确定好总样本后，分别随机选取 15 个不同类别企业 13 年的数据
作为训练样本进行训练，因此训练样本总数为 3×15×13＝585 个。

其次，对 BP 神经网络初始化参数进行配置，设置最大训练次数为
1 000 次、目标精度为 0.000 1、最大验证次数为 6、学习率为 0.01、输入层
节点数为 6、最佳隐含层节点数为 7、输出层节点数为 1。并将遗传算法的
初始种群规模设置为 30，最大进化次数为 50，交叉概率为 0.8，变异概率
为 0.2。

再次，利用遗传算法对 BP 神经网络初始参数进行寻优，并将寻找
好的最优初始参数赋予 BP 神经网络进行后续训练。涉及的参数为输入
层和隐含层连接权值、隐含层阈值、隐含层和输出层连接权值、输出层
阈值。

最后，利用参数寻优后的神经网络训练样本，确定最佳模型参数。此时
预警模型训练结束，建模完成，预警模型最佳参数如下所示：

输入层和隐含层连接权值（6×7 矩阵）：

$$\begin{bmatrix} -1.035\ 1 & 1.269\ 7 & -12.007\ 0 & 3.435\ 3 & -2.964\ 7 & 3.942\ 5 \\ -5.869\ 1 & 9.167\ 3 & -4.540\ 8 & 3.068\ 9 & -2.931\ 3 & -4.285\ 9 \\ -8.633\ 0 & 12.030\ 9 & 4.393\ 7 & 2.969\ 1 & 0.389\ 4 & 3.804\ 6 \\ -2.745\ 9 & 4.540\ 9 & 4.968\ 7 & -0.540\ 6 & 1.279\ 1 & -2.557\ 4 \\ 2.059\ 4 & -10.119\ 5 & -3.094\ 0 & -4.372\ 5 & 4.281\ 2 & 3.588\ 5 \\ 7.029\ 8 & 5.235\ 5 & 3.514\ 6 & 7.666\ 3 & -1.775\ 1 & 12.393\ 5 \\ 0.199\ 4 & -0.015\ 0 & 0.157\ 6 & 0.044\ 3 & -1.078\ 9 & -0.199\ 7 \end{bmatrix}$$

隐含层神经元阈值（7×1 矩阵）：$[-4.428\ 6, 2.269\ 4, 14.509\ 2, -1.635\ 3, -4.012\ 9, -4.630\ 3, 0.006\ 7]^{\text{T}}$

隐含层和输出层连接权值（1×6 矩阵）：$[-0.130\ 6, 0.145\ 4, -0.161\ 3, -0.195\ 2, 0.025\ 6, -0.019\ 5]$

输出层神经元阈值（1×1 矩阵）：$-0.101\ 9$

结束以上建模过程后，将包含最佳模型参数的预警模型进行保存，用于后续的预警结果分析。

5.3.2　预警结果分析

基于训练样本建立"脱僵企业"返僵动态预警模型，并对 21 家划分为测试样本的企业数据进行预警。划分为测试样本的企业分别为 7 家返僵企业：吉林化纤（000420）、襄阳轴承（000678）、德豪润达（002005）、海源复材（002529）、首航高科（002665）、鲁抗医药（600789）、春兰股份（600854）；7 家单次僵尸企业：蓝焰控股（000968）、FS 科技（000973）、保利联合（002037）、东方智造（002175）、华东数控（002248）、金通灵（300091）、中孚实业（600595）；7 家非僵尸企业：顺钠股份（000533）、新华联（000620）、双塔食品（002481）、世纪华通（002602）、创新新材（600361）、凯诺科技（600398）、国电南瑞（600406）。将预警输入指标带入训练好的预警模型，可以得到各个企业的 ZSI 预测值，并根据 ZSI 真实值和 ZSI 预测值来绘制动态预警图。具体如图 5.3 至图 5.5 所示。值得说明的是，ZSI 预测值是基于 $T-1$ 期的僵尸企业识别因子、ZSI 短期波动因子、ZSI 长期趋势因子计算获得，用于反映样本在 T 期可能的 ZSI，可作为警度提示信息使用者。从图 5.3 至图 5.5 的结果来看，ZSI 预测值较 ZSI 真实值具有一定修正功能,并且基本能够反映"脱僵企业"的返僵风险。

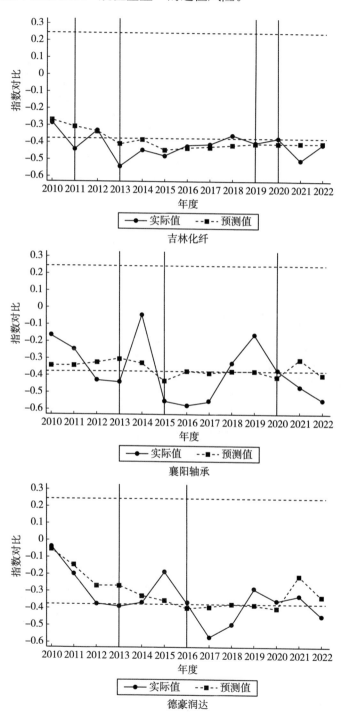

吉林化纤

襄阳轴承

德豪润达

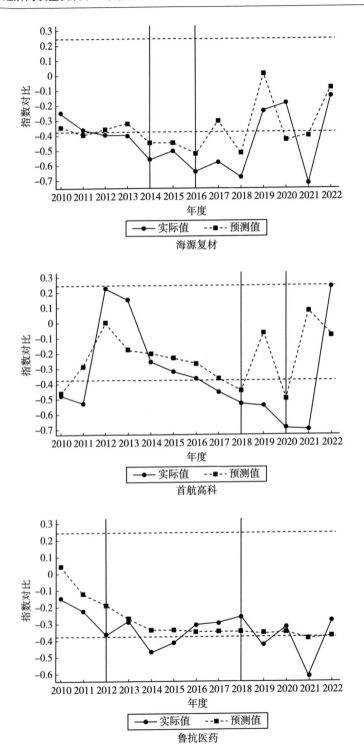

海源复材

首航高科

鲁抗医药

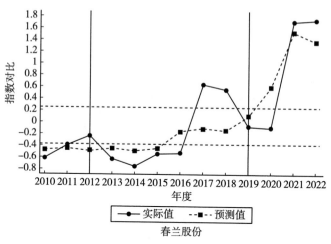

春兰股份

图 5.3 测试样本中返僵企业 ZSI 动态预警图

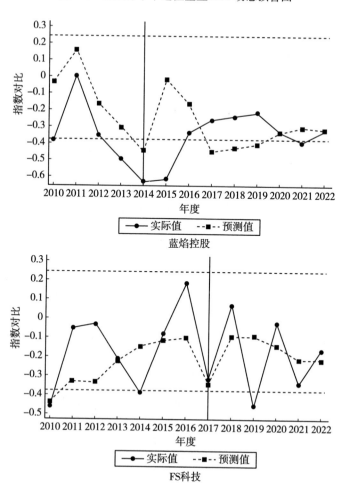

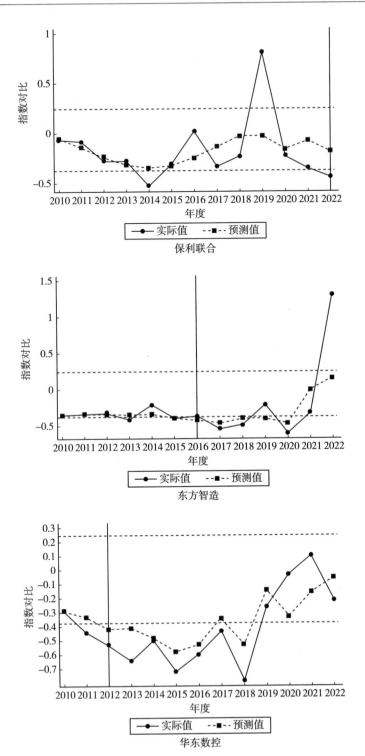

保利联合

东方智造

华东数控

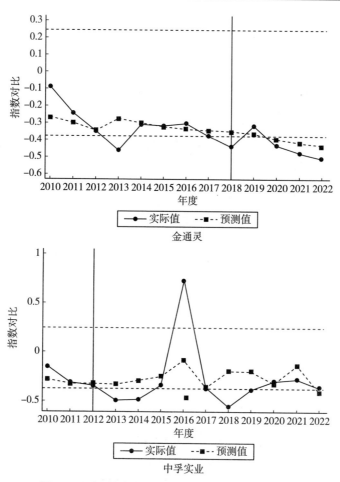

图 5.4 测试样本中单次僵尸企业 *ZSI* 动态预警图

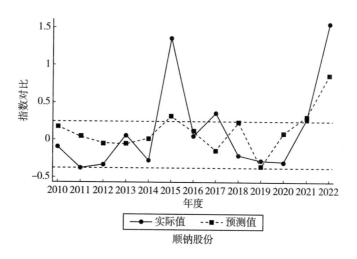

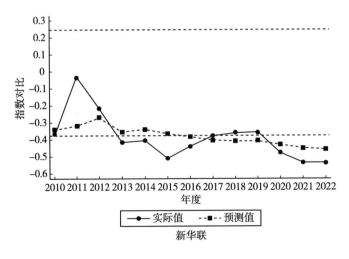

新华联

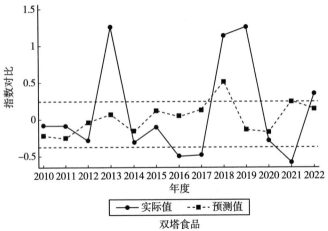

双塔食品

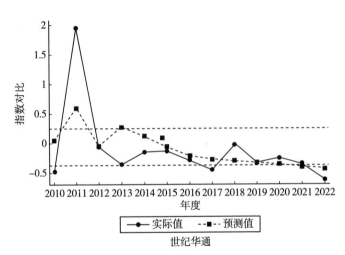

世纪华通

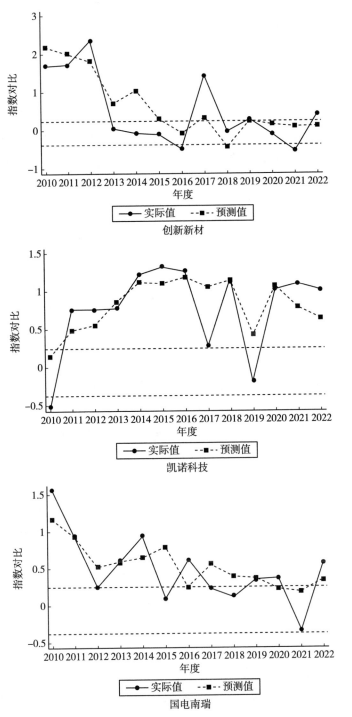

图 5.5 测试样本中非僵尸企业 *ZSI* 动态预警图

首先，从预警结果数据统计来看，返僵企业共计91个企业-年度样本，只有3个企业-年度样本被预测为无警，有52个企业-年度样本被预测为震荡，有36个企业-年度样本被预测为有警，预测为震荡及有警的比例约为96.70%。进一步根据图5.3可知，ZSI预测值折线基本上都较好地拟合了ZSI真实值折线，并且ZSI预测值比ZSI真实值更加贴合"脱僵企业"返僵风险的真实表达，具有较好的状态修正作用。逻辑上，僵尸企业脱僵后有两条发展路径，即正常发展（未来存在较低返僵可能性）或震荡发展（未来依然存在较高返僵可能性），而在测试样本的7家返僵企业中，有6家企业13年的ZSI预测值均处于震荡状态或有警状态，并且第7家企业在脱僵后到返僵时的ZSI预测值也都处于震荡状态或有警状态。因此当确定了目标样本首次识别为僵尸企业的时间点，僵尸企业脱僵后到再次成为僵尸企业的预测准确率就可以达到100%。这说明动态预警模型所包含的僵尸企业识别因子、ZSI短期波动因子、ZSI长期趋势因子能够较大程度地包含"脱僵企业"返僵风险的特征信息。以吉林化纤（000420）为例，该企业在样本期内于2011年首次被识别为僵尸企业，并且于2013年、2019年、2020年被再次识别为僵尸企业，属于在样本期内脱僵后多次返僵。该企业首次返僵为2013年且该年其ZSI预测值为$-0.408\ 0$，处于有警状态。该企业ZSI真实值在2010—2013年波动幅度较大，而其2013年ZSI预测值所对应的ZSI短期波动因子为$-0.413\ 2$、长期趋势因子为$0.080\ 9$，较好地平缓了由于波动而造成的影响以及保留了风险长期累积。该企业在2019年和2020年二次返僵，这两年的ZSI预测值分别为$-0.408\ 2$、$-0.409\ 5$，处于有警状态。从该企业的ZSI预测值发展趋势来看，其取值在2013—2020年均处于有警状态，表明其在2014年二次脱僵后再次返僵的风险非常高。以上分析表明，基于遗传算法-BP神经网络构建的"脱僵企业"返僵风险动态预警模型能较为有效地刻画吉林化纤僵尸化状态的变异波动和累积趋势，能够较好地刻画企业脱僵后返僵的变化特征，可以为僵尸企业脱僵后返僵的提前预警提供决策支持工具。

其次，从预警结果数据统计来看，单次僵尸企业共计91个企业-年度样本。在这之中，没有样本被预测为无警，有70个企业-年度样本被预测为震荡，有21个企业-年度样本被预测为有警，预测为震荡的比例为76.92%，预测为有警的比例为 23.08%。根据图 5.4，可知在正常企业成为僵尸企业的前一年，其 ZSI 预测值基本都存在下降趋势，这说明该预警模型能够较好地反映企业僵尸化状态的动态变化，体现了较强的预测能力。特别是对于有些 ZSI 预测值在几年内上升的公司，在其被识别为僵尸企业的当年，其 ZSI 预测值止住上升趋势而转为下降，这说明该动态预警模型能够提前抓取企业僵尸化风险因子，对企业僵尸化风险实现提前预测。以东方智造（002175）为例，该企业在 2016 年被首次识别为僵尸企业，在首次识别为僵尸企业之前，其 ZSI 预测值连续三年下降，由震荡状态向有警状态变化。此后，该企业虽然不再满足僵尸企业识别标准，但其 ZSI 预测值一直在震荡状态和有警状态之间徘徊，其后续再次成为僵尸企业的返僵风险仍然较高，应当予以警惕。与此对应的是，该企业虽然在 2017 年脱僵，但是其在 2019—2021 连续三年交易所冠以特别处理警示或退市风险警示，表明其即使不再满足僵尸企业识别标准但也还是未恢复到健康状态。此外，前期一直处于震荡状态或有警状态的正常企业，在首次成为僵尸企业之后的 ZSI 预测值也会处于震荡状态或有警状态，这侧面反映 ZSI 预测值较低的正常企业成为僵尸企业的概率较高。并且企业在首次识别为僵尸企业后，后续即使不被识别为僵尸企业，其再次返僵的可能性也较高。这与逻辑一致，僵尸企业的治理难度较大，很多时候其不满足僵尸企业识别标准而脱僵也不代表其已经具备健康发展能力，如果并非完全康复，其后续再次返僵的风险依然很大。

最后，从预警结果数据统计来看，非僵尸企业共计 91 个企业-年度样本，有 36 个企业-年度样本被预测为无警，有 45 个企业-年度样本被预测为震荡，有 10 个企业-年度样本被预测为有警，预测为非有警的比例为 89.01%。相较于返僵企业和单次僵尸企业，ZSI 预测值处于有警状态的样本数量大幅下降。值得说明的是，非僵尸企业并不一定就是健康状况良好的企业，也可能是在严格的僵尸企业识别标准下由于不满足其中个别条件而未被识别为僵尸企业，而这类非僵尸企业成为僵尸企业的风险很高。如图 5.5 所示，7 家非僵尸企业中，有 2 家企业 ZSI 预测值整体处于正常状态，有 3 家企业 ZSI 预测值整体处于震荡状态，ZSI 预测值整体处于正常状态表明企业成为僵尸企业的风险较低，且无须考虑返僵风险。如果 ZSI 预测值整体处于震荡状态则表明企业有成为僵尸企业的风险，但是二次返僵的风险没有僵尸企业高。而新华联（000620）、世纪华通（002602）这 2 家企业的 ZSI 预测值趋势不断向有警状态发展，虽然这 2 家企业在样本期内还未被识别为僵尸企业，但是其成为僵尸企业的概率非常高，值得重点关注。以新华联（000620）为例，该企业的 ZSI 预测值从 2016 年开始就处于有警状态，虽然没有被识别为僵尸企业，但是其僵尸识别因子各项指标表现较差，并且其一直处于财务困境，经常性处于经营困境和产能困境中。之所以未被识别为僵尸企业是因为本书所界定的僵尸企业识别标准较为严苛，需要同时满足五重标准，该企业即使接近僵尸企业的识别标准也不会被识别为僵尸企业，但不可否认其成为僵尸企业的概率较高。此外，有一些非僵尸企业的 ZSI 真实值在相近年份波动极大，不符合企业生命周期理论中企业状态逐步变化的观点，而预警模型对企业 ZSI 预测值进行了调整修正，使企业预测状态更加平稳发展，体现企业状态变化不是一蹴而就而是循序渐进的，这说明该预警模型能够对企业整体僵尸化状态进行有效修正和合理预测。

当然，在数据健全且可获取的前提下，如果预警输入指标能够使用高频高维数据，那么在理论上预警模型的预测性能就会得到进一步提升。因此该模型可以作为外部信息使用者的决策辅助工具，也可以作为管理层的管理检测工具。

5.4 本章小结

经过上述研究，本章结论如下：

第一，BP 神经网络作为一种经典的监督式机器学习方法，具有良好的误差纠正功能，但是由于其初始权值和阈值随机性过大导致预警性能存在不稳定的情况。为了改善这一情况，可以将遗传算法嵌入 BP 神经网络，因为遗传算法可以在数据竞争中获取最适应条件设定的个体，从而获得特定问题在特定条件下的极优解。基于两者的工作特点，可以设计基于遗传算法 - BP 神经网络的"脱僵企业"返僵风险动态预警模型，该模型可以结合两种算法各自的优点，既可以避免人为对参数的调试，又可以在增强参数选取客观性的同时减轻了手动工作的负担；还可以通过大量迭代使最终确定的初始权值和阈值接近全局最优解，从而提升预警模型的工作性能。

第二，基于前述章节研究结果，对返僵企业、单次僵尸企业、非僵尸企业样本进行建模前 1∶1∶1 随机匹配，在此基础上对训练样本和测试样本进行划分，并确定参与建模训练的企业-年度样本以及参与模型性能检验的企业-年度样本。经过上述工作以后，最终根据训练样本的 ZSI 按照其数值大小设置"脱僵企业"返僵风险警度判定区间，并将三个区间分别对应有警、震荡、无警三个警度。

第三，通过建模训练获得最佳输入层和隐含层连接权值、隐含层阈值、隐含层和输出层连接权值、输出层阈值，并基于关键参数构建"脱僵企业"返僵风险动态预警模型。对 7 家返僵企业 13 年数据进行检验分析，结果表明，当确定了目标样本首次识别为僵尸企业的时间点，僵尸企业脱僵后到再次成为僵尸企业的预测准确率就可以达到 100％。此外，该预警模型对僵尸企业首次识别预测，以及非僵尸企业真实状态预测修正均表现了较好的工作性能。

第6章 "脱僵企业"的"阻返"机制研究

结合前期研究以及前文的文献梳理和理论构建,可以总结"脱僵企业"返僵的主要原因:一是行政化主导的僵尸企业清理,导致许多企业带病脱僵,僵尸企业处置效果不佳、效率偏低,且未形成长效政策规划;二是企业能力缺失,短期内虽然实现脱僵,但由于企业市场风险应对能力存在先天性匮乏,依然存在返僵的内在条件;三是政府、企业等主体各有诉求,相互间要么基于利益冲突而产生多主体协同治理困境,要么基于合谋而造成公共利益损失。因此针对"脱僵企业"返僵的原因,需要构建系统性的"阻返"机制:一是引入市场竞争机制来缓解行政化主导的僵尸企业清理问题;二是通过降低组织脆弱性来弥补企业能力缺失;三是通过改善政企协作关系来缓解僵尸企业相关主体之间的利益冲突或利益合谋。本章结合理论推导和实证检验,对"脱僵企业"返僵影响因素的作用方向、力度、条件异质性进行分析,并根据分析结果,有针对性地构建阻止"脱僵企业"返僵的系统性机制。

6.1 "脱僵企业"的"阻返"影响因素分析

6.1.1 市场竞争与"脱僵企业"的"阻返"

6.1.1.1 理论分析

市场竞争是不特定市场参与主体相互作用的过程,其作为一种外部治理机制,主要通过与企业内部治理体系的交互来影响企业的决策与行为(Giroud 和 Mueller,2011)。首先,市场竞争给同行业企业营造了一种相互对比的氛围,可以传递出不同企业间的质量差异信息(Ozkan,2012)。市场竞争越激烈,行业内不同企业间的差距越大,经营情况更差的企业则更容易被社会公众发现，从而受到更多地关注。特别对于经营出现问题的企业而言，在更加激烈的市场竞争环境中，其迟迟不退出市场也会受到更多的质疑；而对于"脱僵企业"而言，如果其再一次返僵，就也会受到更强烈的质疑。为了继续留在市场且不受外界质疑，企业只能往好的方向发展。其次，市场竞争越激烈，好企业越能够想办法提高生产效率和产品质量，而且资源越容易向好企业聚集。经营出现严重问题的企业就算可以依靠外部支持不被淘汰，这也难以长久。因为外部支持方也要面临激烈的市场竞争，自身发展也需要资源供给，不可能一直给问题企业输血，所以激烈的市场竞争会减少僵尸企业的形成和再生的机会。再次，市场竞争越激烈，资源的定价和流动就越合理，问题企业想要留在市场就得付出更高昂的代价，退出市场或向好经营才是成本更低的路径，因此僵尸企业脱僵之后又再次返僵的阻碍会加大。最后，激烈的市场竞争完善了经理人市场，使能力强的经理人能够获得更多报酬，能力差的经理人则存在很大的职业风险。而且僵尸企业脱僵以后如果再次返僵，则市场容易将其理解为经理人能力缺失，因此经理人为了保持良好的职业声誉，在激烈的市场竞争环境下会减少道德风险和逆向选择（王靖宇等，2019），从而降低"脱僵企业"返僵的概率。结合上述分析，本书认为市场竞争作为一种重要的外部公司治理机制（Huang 和 Peyer，2012），可以有效地阻止"脱僵企业"返僵。即市场竞争越激烈，"脱僵企业"越难以返僵。

6.1.1.2 研究设计

（1）样本来源

2016 年 4 月，在《国家发展改革委 商务部关于印发市场准入负面清单草案（试点版）的通知》（发改经体〔2016〕442 号）文件中，包含禁止准入类行业 96 项，限制准入类行业 232 项，除此之外的所有行业，各类市场主体皆可依法平等进入，并且在福建、广东、上海、天津 4 个省份实施第一批试点。2017 年 6 月进一步增加黑龙江、吉林、辽宁、河南、湖南、湖北、浙江、四川、重庆、贵州、陕西作为第二批试点地区。2018 年 12 月《国家发展改革委 商务部关于印发〈市场准入负面清单（2018 年版）〉的通知》发布，并正式在全国范围内实施。为了使本部分样本与前面章节样本一致，本书以 2009—2022 年我国 A 股上市公司为研究对象，并执行以下筛选过程：①剔除金融行业样本；②剔除当年 IPO 公司；③剔除相关变量数据缺失的公司。最终得到 38 212 个企业-年度观测样本。在处理数据时，对关键连续变量进行上下 1% 的缩尾处理。

（2）变量说明

①"脱僵企业"返僵。如果某个企业在样本期间内首次被识别为僵尸企业，则取值为 1；如果间隔至少一年时间被再次识别为僵尸企业则在当年度取值为 2；如果被连续识别为僵尸企业则继续取 1；如果企业在某一年度不满足僵尸企业识别标准则取值为 0，该指标记为 $backzombie1$。考虑到有部分企业在样本期间多次脱僵后反僵，因此在 $backzombie1$ 的基础上设置 $backzombie2$，如果企业脱僵后第一次返僵则取值为 2，第二次返僵则取值为 3，以此类推，其他情况下取值和 $backzombie1$ 保持一致。

②市场竞争。我国于 2016 年和 2017 年在不同地区实施了市场准入负面清单制度（以下简称制度），并进一步于 2019 年在全国铺开。制度的设立只是限制了少数关键领域的进入，对于绝大多数行业而言实际是放开市场准入，极大地促进企业自主经营和公平竞争。为度量制度产生的市场竞争机制的影响，本书设置了衡量市场竞争的变量 $competition$。$competition$ 为虚拟变量，当 2016 年及以后企业所在地位于第一批试点省份时，以及 2017 年及以后企业所在地位于第二批试点省份或直辖市时取值为 1，其余情况取值为 0。

③控制变量。为缓解遗漏变量产生的干扰，提高回归估计效率。借鉴学界通常做法，在回归模型中加入如下控制变量，企业规模（$Size$）：市值总额的自然对数；成长性（$Growth$）：营业收入增长率；资产负债率（Lev）：负债总额与资产总额的比值；权益净利率（ROE）：净利润与平均权益的比值；托宾 Q（$TobinQ$）：企业市值与账面价值之比；独立董事比例（$Indep$）：年末独立董事人数与董事会人数的比值；第一大股东持股比例（CRI）：年末第一大股东持股数与公司总股数的比值；产权性质（SOE）：哑变量，国有企业取值为 1，否则为 0；行业（$Industry$）：哑变量，当前行业取 1，否则取 0；年度（$Year$）：哑变量，当前年度取 1，否则取 0。

（3）实证模型

为检验市场竞争对"脱僵企业"返僵的影响，本书构建了渐进 DID 模型，具体如下：

$$backzombie_{i,t}=\alpha+\beta competition_{j,t}+X_{i,t}\gamma+\mu_h+\mu_t+\varepsilon_{i,t} \qquad 公式（6.1）$$

公式（6.1）中，$backzombie_{i,t}$ 为被解释变量，包含 $backzombie1_{i,t}$ 和 $backzombie2_{i,t}$，表示"脱僵企业"返僵；$competition_{i,t}$ 为解释变量，表示市场竞争；$X_{i,t}$ 为一组控制变量，用以控制公司层面随时间变化的因素对"脱僵企业"返僵的影响；μ_h 为行业固定效应，用以控制不随时间变动的行业特征；μ_t 为年度固定效应，用以控制各年度的经济周期特征；$\varepsilon_{i,t}$ 为随机扰动项，α、β 为待估参数，γ 为待估参数向量。

6.1.1.3　实证检验

为了检验市场竞争对"脱僵企业"返僵的影响，根据公式（6.1）进行回归运算，结果列示于表 6.1。列（1）（2）汇报了不控制年度、行业固定效应的回归结果，结果显示 $backzombie1$ 和 $backzombie2$ 的回归系数均显著为负。列（3）（4）汇报了控制企业特征、年度、行业固定效应的回归结果，结果显示 $backzombie1$ 和 $backzombie2$ 的回归系数均在 10% 水平上显著为负。结果表明，市场竞争具有良好的"阻返"效果，能够显著地阻止"脱僵企业"返僵。

表 6.1　市场竞争与"脱僵企业"的"阻返"基准回归结果

变量	(1)	(2)	(3)	(4)
	$backzombie1$	$backzombie2$	$backzombie1$	$backzombie2$
$competition$	−0.003 0*** (−2.58)	−0.002 6** (−2.12)	−0.004 2* (−1.76)	−0.004 3* (−1.80)
$X_{i,t}$	Yes	Yes	Yes	Yes
μ_h	No	No	Yes	Yes
μ_t	No	No	Yes	Yes
N	38 212	38 212	38 212	38 212
R^2/adj_R^2	0.010 2	0.009 6	0.011 6	0.010 8

注：***、**、* 分别代表在 1%、5%、10% 水平上显著（双尾），括号内为 t 值，下同。

6.1.1.4　稳健性检验

在进行基准回归时，本书已经采用两种方式衡量返僵企业，为了进一步增强研究结果的可靠性，本书还进行以下稳健性检验。

（1）平行趋势检验

为了检验模型的适用性，需要进行平行趋势检验。借鉴 Fajgelbaum 等

（2020）、蒋灵多等（2021）的做法，实验组样本在制度实施当年赋值为 0，实施后 1 年（2 年）赋值为＋1（＋2），实施前 1 年（2 年）赋值为－1（－2），以此类推，对照组样本赋值不变。此外，以制度实施当年为基期，因此在回归中剔除。具体检验结果见表 6.2PanelA（1）（2），结果显示，在市场竞争政策实施前的年度，$backzombie1$ 和 $backzombie2$ 的回归系数不显著；市场竞争政策实施后的第四年（第三年）开始，$backzombie1$（$backzombie2$）的回归系数显著为负。考虑到政策发挥效果具有时滞效应，因此可以认为结论在一定程度上通过了平行趋势检验。

（2）PSM 检验＋DID

PSM 检验＋DID 是指倾向得分匹配检验和双重差分法结合的一种检验方法。为了缓解样本自选择问题，减少样本间先天因素的影响，将基准回归中的资产负债率、企业规模、产权属性、第一大股东持股比例作为协变量计算每个 $competition$ 样本的 $propensity\ score$，然后采用 1∶1 最近邻匹配筛选出与 $competition$ 为 1 的样本 $propensity\ score$ 最为接近的 $competition$ 为 0 的样本，在满足平衡性假设和共同支撑假设的基础上重新对公式（6.1）进行回归，回归结果见表 6.2PanelA 列（3）（4）。结果表明，$backzombie1$ 和 $backzombie2$ 的回归系数均值 5％水平上显著为负，表明基准回归结果的结论是稳健的。

（3）安慰剂检验

为了减少遗漏变量的影响，借鉴周茂等（2018）的思路，将 $competition$ 的数值随机赋值给每一个样本，并将这个随机过程重复 1 000 次。考察 1 000 个被解释变量 $backzombie1$ 和 $backzombie2$ 的回归系数均值以及 t 值均值的表现，如果进行安慰剂检验后的 $backzombie1$ 和 $backzombie2$ 回归系数均值更加接近 0，并且对应 t 值均值不显著，则表明缓解遗漏变量不会对估计结果产生严重影响，基准回归结果是稳健的。表 6.2PanelA 列（5）（6）的结果显示，经过 1 000 次随机赋值产生的 $competition\_placebo$ 对 $backzombie1$ 和 $backzombie2$ 的回归系数均值非常接近 0，且 t 值均值不显著，从而间接证明其他不可观测因素对"脱僵企业"返僵的影响不明显，说明本书研究结论是稳健的。

（4）敏感性检验

为了减少解释变量的衡量偏误，对解释变量进行替换。借鉴周夏飞和周强龙(2014)的做法,采用企业勒纳指数作为市场竞争的替代性指标,标记为 *competition_new*,该数值越大表明企业面临的竞争程度越高。敏感性检验回归结果见表 6.2PanelB 列(1)(2)。结果显示,*backzombie*1 和 *backzombie*2 的回归系数均在 1%水平上显著为负。结果表明,即使改变解释变量的衡量方式,市场竞争也可以阻止"脱僵企业"返僵这一研究结论依然稳健。

(5)删除特定行业

考虑到行业特性,某些特定行业容易出现产能过剩严重的情况,从而导致僵尸企业治理难度加大,增加"脱僵企业"返僵的风险,比如黑色金属冶炼和压延加工业以及有色金属冶炼和压延加工业。为了进一步增强研究结论的稳健性,排除特定行业可能带来的影响,通过剔除上述两个行业样本重新进行检验,回归结果见表 6.2PanelB 列(3)(4)。结果显示,*backzombie*1 和 *backzombie*2 的回归系数均在 10%水平上显著为负。结果表明,即使剔除了"脱僵企业"返僵风险较高的行业样本,市场竞争也对"脱僵企业"返僵具有抑制作用。

(6)双重 cluster 检验

为了克服异方差问题对回归结果的影响,在控制年度-行业的基础上,按企业-年度两个维度进行双重 cluster 检验,使用聚类稳健的标准差进行回归,回归结果见表 6.2PanelB 列(5)(6)。结果显示,采用更加稳健的标准误进行回归后,*backzombie*1 和 *backzombie*2 的回归系数在 5%和 10%水平上显著为正,表明上述结论是稳健的。

表 6.2 市场竞争与"脱僵企业"的"阻返"稳健性检验

PanelA

变量	平行趋势		PSM 检验+DID		安慰剂检验	
	(1)	(2)	(3)	(4)	(5)	(6)
	*backzombie*1	*backzombie*2	*backzombie*1	*backzombie*2	*backzombie*1	*backzombie*2
competition			-0.0075^{**} (-2.36)	-0.0079^{**} (-2.37)		
competition_placebo					0.0000 (0.0124)	0.0000 (0.0184)

（续）

PanelA

变量	平行趋势		PSM 检验＋DID		安慰剂检验	
	(1)	(2)	(3)	(4)	(5)	(6)
	*backzombie*1	*backzombie*2	*backzombie*1	*backzombie*2	*backzombie*1	*backzombie*2
$\_pre7$	−0.000 3	−0.000 3				
	(−1.49)	(−1.50)				
$\_pre6$	−0.000 4	−0.000 4				
	(−0.95)	(−0.95)				
$\_pre5$	−0.000 1	−0.000 1				
	(−0.05)	(−0.06)				
$\_pre4$	−0.000 5	−0.000 5				
	(−0.42)	(−0.42)				
$\_pre3$	−0.001 1	−0.001 1				
	(−0.90)	(−0.90)				
$\_pre2$	−0.001 1	−0.001 1				
	(−0.49)	(−0.49)				
$\_pre1$	−0.001 6	−0.001 6				
	(−0.54)	(−0.54)				
$\_aft1$	0.004 2	0.003 7				
	(1.14)	(0.98)				
$\_aft2$	−0.002 9	−0.002 9				
	(−1.37)	(−1.35)				
$\_aft3$	−0.003 5	−0.004 2*				
	(−1.54)	(−1.64)				
$\_aft4$	−0.005 9***	−0.006 5***				
	(−2.78)	(−2.62)				
$\_aft5$	−0.003 1**	−0.003 1**				
	(−1.89)	(−1.87)				
$X_{i,t}$	Yes	Yes	Yes	Yes	Yes	Yes
μ_h	Yes	Yes	Yes	Yes	Yes	Yes
μ_t	Yes	Yes	Yes	Yes	Yes	Yes
N	38 212	38 212	29 850	29 850	38 212	38 212
adj_R^2	0.011 7	0.010 9	0.011 2	0.010 2	—	—

（续）

PanelB						
	敏感性检验		删除特定行业		双重 cluster 检验	
变量	(1)	(2)	(3)	(4)	(5)	(6)
	*backzombie*1	*backzombie*2	*backzombie*1	*backzombie*2	*backzombie*1	*backzombie*2
competition			$-0.004\,3^{*}$	$-0.004\,6^{*}$	$-0.004\,0^{**}$	$-0.004\,3^{*}$
			(-1.83)	(-1.86)	(-1.76)	(-1.80)
competition_new	$-0.003\,4^{***}$	$-0.003\,4^{***}$				
	(-3.54)	(-3.37)				
$X_{i,t}$	Yes	Yes	Yes	Yes	Yes	Yes
μ_h	Yes	Yes	Yes	Yes	Yes	Yes
μ_t	Yes	Yes	Yes	Yes	Yes	Yes
N	38 210	38 210	37 036	37 036	38 212	38 212
adj_R^2	0.011 9	0.011 0	0.011 2	0.010 5	0.011 6	0.010 8

注：表中"_*pre*"指制度实施前，"_*aft*"指制度实施后。

6.1.1.5 异质性检验

（1）基于企业生命周期视角的市场竞争与"脱僵企业"的"阻返"异质性检验

早期研究发现，在企业不同生命周期阶段，企业生命力都存在明显差异，企业生存和发展面临的关键约束也不同（Miller 和 Friesen，1984）。因此在逻辑上，"脱僵企业"处在不同的生命周期，其返僵风险有差异，并且外部治理机制对处于不同生命周期的"脱僵企业"的作用效果也会有所不同。具体而言，处于成长期的企业，其面临的生产经营状况和外部商业环境更加多元和复杂，竞争压力更大，容易陷入僵尸化困境。但由于处于成长期这一生命周期阶段，企业经营在面临众多风险的同时也会遇到大量的机会，所以也有强烈的认真发展的驱动力。当面临激烈的市场竞争时，处于成长期的"脱僵企业"有更大概率认真经营，从而降低返僵风险。当企业进入成熟期，其各方面都趋于稳定状态，激烈的市场竞争更难改变其原有经营模式，导致市场竞争对处于成熟期的"脱僵企业"行为影响不大。当企业进入衰退期，原先占有的市场份额逐渐缩小，利润不断下滑。由于缺乏利润增长点，所以企业财务状况不断恶化。并且衰退期企业往往过于保守，不愿意在企业变革性事物上投入过多资源，难以受到市场竞争的影响。因此综合而言，市场竞争对"脱僵企业"的影响在不同生命周期阶段具有异质性，能够阻止成长期的"脱僵企业"返僵，对成熟期、衰退期的"脱僵企业"返僵影响不显著。本书借鉴 Dickinson（2011）的做法，通过经营、投资、筹资三类活动现金流净额的正负组合来反映不同生命周期，从而形成成长期、成熟期、衰退期三个企业生命周期阶段，由此划分三组子样本对公式（6.1）进行回归。表 6.3 汇报了 competition 在三个企业生命周期阶段对"脱僵企业"返僵的回归结果。可以看到，competition 对处于成长期企业的影响均在 5％ 水平上显著为负，而对处于成熟期企业和衰退期企业的影响不显著。这说明从企业生命周期的视角看，市场竞争对"脱僵企业"的"阻返"影响存在异质性。

表 6.3　基于企业生命周期视角的市场竞争与"脱僵企业"的"阻返"异质性检验

变量	成长期		成熟期		衰退期	
	(1)	(2)	(3)	(4)	(5)	(6)
	$backzombie1$	$backzombie2$	$backzombie1$	$backzombie2$	$backzombie1$	$backzombie2$
$competition$	-0.0084^{**}	-0.0091^{**}	0.0013	0.0013	-0.0039	-0.0039
	(-1.98)	(-2.00)	(0.43)	(0.45)	(-0.86)	(-0.85)
$X_{i,t}$	Yes	Yes	Yes	Yes	Yes	Yes
μ_h	Yes	Yes	Yes	Yes	Yes	Yes
μ_t	Yes	Yes	Yes	Yes	Yes	Yes
N	15 683	15 683	13 981	13 981	8 216	8 216
adj_R^2	0.021 5	0.020 4	0.003 7	0.003 2	0.005 8	0.004 8

（2）基于产业差异视角的市场竞争与"脱僵企业"的"阻返"异质性检验

由于不同产业之间面临的商业模式、经营风险、资源状况等均有所差异，这将导致不同产业中的企业对相同的内外部环境的接受情况也会出现差异，所以逻辑上，市场竞争在不同产业间发挥的作用也会有所区别。比如对高新技术企业而言，其天然处在强竞争性环境中，即使增加该企业市场竞争强度，其所能产生的边际影响也是有限的。而对非高新技术企业而言，其以往的竞争强度不高，当面临市场竞争压力时具有更大的提升空间。为了检验高新技术产业视角下市场竞争抑制"脱僵企业"返僵的效果差异,本书通过整理国泰安数据库上市公司资质认定信息文件来确定样本在当年度是否获得高新技术企业认定,如果样本通过高新技术企业认定则划分至高新技术产业组,取值为 1;否则划分至非高新技术产业组,取值为 0。在此基础上使用公式(6.1)对样本进行分组检验,具体结果见表 6.4。结果显示,高新技术企业组中 $backzombie1$ 以及 $backzombie2$ 的回归系数均不显著,而非高新技术企业组中的 $backzombie1$ 以及 $backzombie2$ 的回归系数均在 5% 水平上显著为负,这说明相较于属于高新技术企业组的"脱僵企业",市场竞争对属于非高新技术企业组的"脱僵企业"的"阻返"效果更加显著。

表 6.4 基于产业差异视角的市场竞争与"脱僵企业"的"阻返"异质性检验

变量	高新技术企业组		非高新技术企业组	
	(1)	(2)	(3)	(4)
	$backzombie1$	$backzombie2$	$backzombie1$	$backzombie2$
$competition$	−0.001 4	−0.001 3	−0.007 0**	−0.007 6**
	(−0.43)	(−0.40)	(−2.22)	(−2.22)
$X_{i,t}$	Yes	Yes	Yes	Yes
μ_h	Yes	Yes	Yes	Yes
μ_t	Yes	Yes	Yes	Yes
N	18 465	18 465	19 747	19 747
adj_R^2	0.017 0	0.015 5	0.008 9	0.008 3

(3)基于地区差异视角的市场竞争与"脱僵企业"的"阻返"异质性检验

除了产业差异外,地区差异也可能对企业产生影响。因为不同的地区之间存在资源禀赋、经济发展水平、社会环境等方面差异,这将导致不同地区中的企业对相同的内外部环境的接受情况出现差异,所以逻辑上,市场竞争在不同地区间发挥的作用也会有所区别。比如对经济相对发达、资源要素相对丰富的地区,企业生产经营过程中面临的制度性成本更低,即使市场竞争激烈,也不会因为资源缺乏而失去发展机会;而对经济相对不发达、资源要素相对紧缺的地区,企业生产经营过程中面临的制度性成本更高,激烈的市场竞争能够促使企业优化行为以获取更多资源。为了检验地区差异视角下市场竞争抑制"脱僵企业"返僵的效果差异，本书首先基于国家统计局的划分标准，将处于北京市、天津市、河北省、上海市、江苏省、浙江省、福建省、山东省、广东省、海南省的企业划分为东部地区企业；将处于山西省、安徽省、江西省、河南省、湖北省、湖南省的企业划分为中部地区企业；将处于内蒙古自治区、广西壮族自治区、重庆市、四川省、贵州省、云南省、西藏自治区、陕西省、甘肃省、青海省、宁夏回族自治区、新疆维吾尔自治区的企业划分为西部地区企业；将处于辽宁省、吉林省、黑龙江省的企业划分为东北地区企业。然后使用公式（6.1）对样本进行分组检验，具体结果见表6.5。最后结果显示，西部地区样本中的 $backzombie1$ 以及 $backzombie2$ 的回归系数在5%水平上显著为负，其余地区样本中的 $backzombie1$ 以及 $backzombie2$ 的回归系数均不显著，这说明相较于非西部地区，市场竞争对处于西部地区的"脱僵企业"的"阻返"效果更加显著。

表6.5 基于地区差异视角的市场竞争与"脱僵企业"的"阻返"异质性检验

变量	东部地区		中部地区		西部地区		东北地区	
	(1)	(2)	(3)	(4)	(5)	(6)	(7)	(8)
	$backzombie1$	$backzombie2$	$backzombie1$	$backzombie2$	$backzombie1$	$backzombie2$	$backzombie1$	$backzombie2$
$competition$	−0.002 7	−0.003 1	−0.002 3	−0.002 3	−0.014 4**	−0.014 0**	0.019 9	0.020 5
	(−1.04)	(−1.13)	(−0.34)	(−0.34)	(−1.78)	(−1.74)	(1.56)	(1.59)
$X_{i,t}$	Yes	Yes	Yes	Yes	Yes	Yes	Yes	Yes
μ_h	Yes	Yes	Yes	Yes	Yes	Yes	Yes	Yes
μ_t	Yes	Yes	Yes	Yes	Yes	Yes	Yes	Yes
N	25 720	25 720	5 355	5 355	5 315	5 315	1 815	1 815
adj_R^2	0.008 5	0.008 3	0.015 2	0.014 1	0.017 9	0.016 3	0.017 0	0.011 8

6.1.2 组织韧性与"脱僵企业"的"阻返"

6.1.2.1 理论分析

韧性一词起初多见于物理学、生态学领域，主要是指物体或体系在高负荷下储存压力以避免变形或崩溃的属性（Klein等，2003）。随着经济社会不断发展，学界又将韧性引入经济学、管理学领域，并提出组织韧性概念。微观层面的组织韧性主要含义是指微观经济主体在遭受不确定性事件冲击后能够恢复到正常状态甚至超正常状态的能力（Soni 等，2014）。组织韧性强调日常经营过程中组织具有危机意识、能够及时发现危机预警信号（Lee 等，2013），面对危机时具有良好的适应能力（Sharma S and Sharma S K，2016），在危机过后具有较强的恢复能力（宋耘等，2021）和反超能力（李平和竺家哲，2021）。从组织韧性理论的视角来看，其存在可以强化企业情景意识，增强企业适应能力、恢复能力以及超越能力，从而进一步降低"脱僵企业"返僵的风险。第一，"脱僵企业"的组织韧性越高，则其更具有危机意识和积极向上的品质，这会使该企业在脱僵之后的日常经营过程中更加规范经营，并且不畏惧困难，从而保持健康的经营状态。第二，"脱僵企业"的组织韧性越高，在面对不确定时的适应能力更强，这可以使其继续保持良好的精神面貌面对危机，并主动采取措施去减轻危机带来的负面影响。第三，"脱僵企业"的组织韧性越高，在面对不确定时的恢复能力更强，在受到危机冲击后，能更加敏捷做出反应，采取系统协调的措施对自身进行快速的恢复。第四，"脱僵企业"的组织韧性越高，在经历危机后，会更主动采取措施止跌企稳，并进一步增强企业自身实力，通过寻找成长新动力来超越原有水平，使企业处境明显改善。因此，结合上述分析，本书认为组织韧性作为一种重要的企业特质，可以有效地阻止"脱僵企业"返僵，即组织韧性越高，"脱僵企业"越难以返僵。

6.1.2.2 研究设计

（1）样本来源

为了使本部分样本与前面章节样本一致，此部分以 2009—2022 年我国 A 股上市公司为研究对象，数据主要来源于上市公司年度报告文本、中国经济金融研究数据库（CSMAR 数据库）及中国研究数据服务平台（CNRDS）数据库。在获取样本数据后执行以下筛选过程：①剔除金融行业样本；②剔除当年 IPO 企业；③剔除相关变量数据缺失的公司。最终得到 38 226 个企业-年度观测样本。在处理数据时，对关键连续变量进行上下 1%的缩尾处理。

（2）变量说明

①"脱僵企业"返僵。与 6.1.1.2 中对"脱僵企业"返僵的定义一致，因此不再赘述。

②组织韧性。语言文字可以反映特定主体的认知、偏好与个性（Webb

等，1966），因此特定主体语言文字中出现的词语类型及相应频率可以反映其特质（Miller 和 Ross，1975；Pennebaker 等，2003）。如果企业管理层对外披露的文字信息越强调与组织韧性有关的词汇，表明其越关注组织韧性相关议题。基于此思路，本书遵循政策导向、文献依据以及现实情景三个遴选标准确定微观企业组织韧性种子词，然后利用 Word2Vec 机器学习技术扩充组织韧性相关词汇，最后使用词典法构建出能够量化组织韧性的代理指标。

组织韧性是一种有助于企业从危机中恢复反弹的动态组织能力，其存在可以帮助企业有效应对危机，并实现可持续发展（赵思嘉等，2021）。组织韧性是关系到企业长远发展的重大能力，因此其形成与企业发展理念、日常活动以及机制体制等密切相关。而企业年度报告作为企业对外披露各项信息的重要窗口，反映企业组织韧性的相关信息必然会存在于企业年报中，其中所蕴含的信息理应能够较为全面准确地反映企业组织韧性水平。因此深度挖掘企业年度报告中的文本信息，将对识别和量化企业组织韧性有重要意义。具体而言，借鉴胡楠等（2021）的研究思路，企业组织韧性代理指标的构建过程如下。

第一步，明确组织韧性的构成维度及相应种子词。借鉴 Kantur 和 Say（2015）以及王馨博和高良谋（2021）的研究，组织韧性由情景意识、适应能力、恢复能力、超越能力四个维度构成。在此基础上，作者组织团队成员阅读了大量供应链韧性政策文本、企业报告和学术文献，制定出贴合微观企业组织韧性的种子词集。

第二步，考虑到对于同一概念或事物，不同主体可能会使用多个语义相似的词汇进行表述，如果仅用种子词衡量概念或事物，就会造成潜在的信息损失，因此有必要对种子词进行相似词扩充。Word2Vec 机器学习技术是近年来自然语言处理领域中的重要成果（Mikolov 等，2013）。该技术又叫作词向量或词嵌入，其包含 CBOW 模型（Continuous bag‐of‐words model）和 Skip‐Gram 模型，前者将给定上下文作为输入信息来预测中心词；后者将给定中心词作为输入信息来预测上下文。考虑到本书需要明确特定关键词进行文本分析，因此使用 CBOW 模型更为合适。具体而言，在 CBOW 模型的运行框架下，该模型能够依据上下文语义信息将词汇表示成多维向量，并通过计算向量之间的相似度得到词语之间的语义相似性。本书明确了与组织韧性有关的种子词,并使用海量企业年度财务报告作为初始语料进行训练,训练结束以后可以获得与种子词相似度较高的相似。由于该模型是通过年报文本大数据训练获得,其形成的相似词更加适合管理文本语境,可有效避免人工定义关键词词库的主观性和通用自然语言处理技术的弱相关性(胡楠等,2021)。

第三步,对种子词和相似词进行核验,最终确定关键词词库包含 30 个组织韧性相关词汇,具体见表 6.6。

表 6.6　组织韧性关键词词库

维度	关键词
情景意识	忧患意识、品牌意识、韧性、生命力、自主性、坚韧、顽强、包容、奋发向上、反弹、回调
适应能力	活力、精神面貌、缓解、减轻、缓冲、主动防御
恢复能力	灵敏、方便快捷、敏捷、系统化、灵活性、协调性
超越能力	反超、止跌企稳、成长、新动力、进取、超越、明显改善

第四步,为了消除不同关键词在所有企业年度报告中"表现机会"的差异,本书还使用逆向文件频率(Inverse document frequency,IDF)对关键词词频(Term frequency,TF)进行修正,并计算得到反映企业组织韧性水平的第二个指标,该指标标记为 OT。OT 计算方法参照公式(6.2)。

$$TF-IDF_{x,y}=tf_{x,y}\times\log\left(\frac{N}{df_x}\right) \qquad 公式(6.2)$$

其中,$tf_{x,y}$ 是指关键词 x 在年度报告 y 中的词频,df_x 是指所有年度报告中出现了关键词 x 的年度报告数量,N 是指所有的年度报告数量。OT_p 和 OT_tfidf 为正向指标,其数值越大,表明企业组织韧性水平越高。

③控制变量。为减少遗漏变量产生的干扰,提高回归估计效率,借鉴学界通常做法,在回归模型中加入如下控制变量:公司规模($Size$):市值总额的自然对数;成长性($Growth$):营业收入增长率;资产负债率(Lev):负债总额与资产总额的比值;权益净利率(ROE):净利润与平均权益的比值;托宾 Q($TobinQ$):企业市值与账面价值之比;独立董事比例($Indep$):年末独立董事人数与董事会人数的比值;第一大股东持股比例(CRI):年末第一大股东持股数与公司总股数的比值;产权性质(SOE):哑变量,国有企业取值为 1,否则为 0;行业($Industry$):哑变量,当前行业取 1,

否则取 0；年度（$Year$）：哑变量，当前年度取 1，否则取 0。

（3）实证模型

为探究组织韧性对"脱僵企业"返僵的影响，本书构建以下多元回归模型，其公式如下：

$$backzombie_{i,t} = \alpha + \beta OT_{i,t} + X_{i,t}\gamma + \mu_h + \mu_t + \varepsilon_{i,t}$$

公式（6.3）

公式（6.3）中，$backzombie_{i,t}$ 为被解释变量，包含 $backzombie1_{i,t}$ 和 $backzombie2_{i,t}$，表示"脱僵企业"返僵；$OT_{i,t}$ 为解释变量，企业 i 在 t 年的组织韧性；$X_{i,t}$ 为一组控制变量，用以控制公司层面随时间变化的因素对"脱僵企业"返僵的影响；μ_h 为行业固定效应，用以控制不随时间变动的行业特征；μ_t 为年度固定效应，用以控制各年度的经济周期特征；$\varepsilon_{i,t}$ 为随机扰动项，α、β 为待估参数，γ 为待估参数向量。

6.1.2.3 实证检验

为了检验组织韧性对"脱僵企业"的"阻返"影响，根据公式（6.3）进行回归分析，结果列示于表 6.7。列（1）（2）汇报了不控制年度、行业固定效应的回归结果，结果显示 $backzombie1$ 和 $backzombie2$ 的回归系数均在 1% 水平上显著为负。列（3）（4）汇报了控制企业特征、年度、行业固定效应的回归结果，结果显示 $backzombie1$ 和 $backzombie2$ 的回归系数均在 1% 水平上显著为负。以上结果表明，组织韧性具有良好的"阻返"效果，能够显著地阻止"脱僵企业"返僵。

表 6.7　组织韧性与"脱僵企业"的"阻返"的基准回归结果

变量	(1)	(2)	(3)	(4)
	$backzombie1$	$backzombie2$	$backzombie1$	$backzombie2$
OT	−0.000 4***	−0.000 4***	−0.000 4***	−0.000 4***
	(−3.81)	(−3.90)	(−3.91)	(−3.98)
$X_{i,t}$	Yes	Yes	Yes	Yes
μ_h	No	No	Yes	Yes
μ_t	No	No	Yes	Yes
N	38 226	38 226	38 226	38 226
R^2/adj_R^2	0.010 3	0.009 6	0.011 8	0.011 0

6.1.2.4　稳健性检验

在进行基准回归时，本书已经采用两种方式衡量返僵企业，为了进一步增强研究结果的可靠性，本书还进行以下稳健性检验。

（1）PSM 检验

为了缓解样本自选择问题，减少样本间先天因素的影响，此部分先根据 OT 的中位数设置虚拟变量，OT 大于中位数的取值为 1；小于中位数的取值为 0。然后将基准回归中的所有控制变量作为协变量计算每个 OT 样本的 *propensity score*。之后采用 1∶1 最近邻匹配筛选出与 OT 为 1 的样本 *propensity score* 最为接近的 OT 为 0 的样本，在满足平衡性假设和共同支撑假设的基础上重新对公式（6.3）进行回归分析，回归结果见表 6.8PanelA 列（1）（2）。结果表明，*backzombie*1 和 *backzombie*2 的回归系数均值 1% 水平上显著为负，说明基准回归结果的结论是稳健的。

（2）安慰剂检验

为了缓解遗漏变量的影响，将 OT 的数值随机赋值给每一个样本，并将这个随机过程重复 1 000 次，考察 1 000 个被解释变量 *backzombie*1 和 *backzombie*2 的回归系数均值以及 t 值均值的表现。如果进行安慰剂检验后的 *backzombie*1 和 *backzombie*2 的回归系数均值更加接近 0，并且对应 t 值均值不显著，则表明缓解遗漏变量不会对估计结果产生严重影响，基准回归结果是稳健的。根据表 6.8PanelA 列（3）（4）的结果显示，经过 1 000 次随机赋值产生的 $OT\_placebo$ 对 *backzombie*1 和 *backzombie*2 的回归系数均值几乎等于 0，且 t 值均值不显著，从而间接证明其他不可观测因素对"脱僵企业"返僵的影响不明显，从而证明本书研究结论是稳健的。

（3）敏感性检验

为了缓解解释变量的衡量偏误，对解释变量进行替换。基于词典法计算组织韧性关键词总词频占年度报告总词频的比例，并以此作为反映企业组织韧性水平的指标，标记为 OT_p，该数值越大表明企业组织韧性越高。敏感性检验回归结果见表 6.8PanelA 列（5）（6）。结果显示，*backzombie*1 和 *backzombie*2 的回归系数均在 1% 水平上显著为负。结果表明，即使改变解释变量的衡量方式，组织韧性也可以阻止"脱僵企业"返僵这一研究结论依然稳健。

（4）解释变量滞后一期

研究假说认为组织韧性越高，"脱僵企业"返僵的风险越低，而该结论的正确与否需要建立在无反向因果关系的前提下。因此为了排除反向因果关系的干扰，本书将核心解释变量 OT 进行解释变量滞后一期处理得到 OT_lag，并在此基础上重新进行回归，回归结果见表 6.8PanelB 列（1）（2）。结果显示，OT_lag 对 $backzombie1$ 和 $backzombie2$ 的回归系数分别在 10％和 5％水平上显著为负，与前文回归结果一致，说明本书结论不受反向因果关系干扰。

（5）剔除策略性披露行为

虽然基于年报文本关键词构建的量化指标能够较好地反映企业组织韧性的实际情况，但企业也可能为了向外界传递企业积极向上的形象而扩大组织韧性关键词的披露数量，从而导致该方法可靠性不足。为了排除企业可能存在的年报文本策略性披露行为，此部分删除 OT 取值最大前 20％的样本，并在此基础上进行回归检验，回归结果见表 6.8PanelB 列（3）（4）。结果显示，$backzombie1$ 和 $backzombie2$ 的回归系数均在 1％水平上显著为负，表明组织韧性对"脱僵企业"返僵具有抑制作用，该结论不受企业年报文本策略性披露行为的影响。

（6）双重 cluster 检验

为了克服异方差问题对回归结果的影响，在控制年度-行业的基础上，按企业-年度两个维度进行双重 cluster 调整，使用聚类稳健的标准差进行回归，回归结果见表 6.8PanelB 列（5）（6）。结果显示，采用更加稳健的标准误进行回归后，$backzombie1$ 和 $backzombie2$ 的回归系数依然在 1％水平上显著为负，表明上述结论是稳健的。

表 6.8　组织韧性与"脱僵企业"的"阻返"的稳健性检验

PanelA						
	PSM 检验		安慰剂检验		敏感性检验	
变量	（1）	（2）	（3）	（4）	（5）	（6）
	$backzombie1$	$backzombie2$	$backzombie1$	$backzombie2$	$backzombie1$	$backzombie2$
OT	$-0.000\ 3^{***}$	$-0.000\ 3^{***}$				
	(-3.19)	(-3.24)				

（续）

Panel A

变量	PSM 检验		安慰剂检验		敏感性检验	
	(1)	(2)	(3)	(4)	(5)	(6)
	backzombie1	*backzombie2*	*backzombie1*	*backzombie2*	*backzombie1*	*backzombie2*
OT_placebo			−0.000 0	−0.000 0		
			(−0.213 0)	(−0.220 5)		
OT_p					−6.270 5***	−6.751 1***
					(−2.62)	(−2.71)
$X_{i,t}$	Yes	Yes	Yes	Yes	Yes	Yes
μ_h	Yes	Yes	Yes	Yes	Yes	Yes
μ_t	Yes	Yes	Yes	Yes	Yes	Yes
N	29 171	29 171	38 226	38 226	38 226	38 226
adj_R²	0.010 6	0.010 1	—	—	0.011 7	0.010 9

Panel B

变量	解释变量滞后一期		剔除策略性披露行为		双重 cluster 检验	
	(1)	(2)	(3)	(4)	(5)	(6)
	backzombie1	*backzombie2*	*backzombie1*	*backzombie2*	*backzombie1*	*backzombie2*
OT			−0.001 9***	−0.002 1***	−0.000 4***	−0.000 4***
			(−3.49)	(−3.48)	(−3.91)	(−3.98)
OT_lag	−0.000 2*	−0.000 3**				
	(−1.76)	(−1.98)				
$X_{i,t}$	Yes	Yes	Yes	Yes	Yes	Yes
μ_h	Yes	Yes	Yes	Yes	Yes	Yes
μ_t	Yes	Yes	Yes	Yes	Yes	Yes
N	32 936	32 936	30 581	30 581	38 226	38 226
adj_R²	0.012 2	0.011 3	0.010 8	0.010 1	0.011 8	0.011 0

6.1.2.5 异质性检验

（1）组织韧性与"脱僵企业"的"阻返"结构解析

前文已经证明了组织韧性越高，"脱僵企业"返僵风险越低。而根据本书的定义，组织韧性由四个维度组成，其中情景意识是指企业在面对或即将面对不确定性冲击时坚守的价值观和意志品质，良好的情景意识有助于为"脱僵企业"提供"精神保障"；适应能力是指企业在面对不确定冲击时能在多大程度上缓解负面影响的能力，良好的适应能力能帮助企业减少负面影响带来的损失；恢复能力是指企业在面对负面冲击后恢复至正常状态的时间和程度，恢复能力越强，企业在面对负面冲击后恢复至正常状态的时间越短、程度越高；超越能力是指企业在面对负面冲击之后，利用契机优化原有弊端的能力，企业超越能力越强，企业在受到负面冲击后变革的程度越高，超越原有水平的可能性越大。逻辑上，组织韧性的不同维度对"脱僵企业"返僵风险的影响程度存在异质性，因此需要通过实证方式进行检验，根据情景意识、适应能力、恢复能力、超越能力的关键词重新计算词频 $tfidf$，然后分别作为核心解释变量重新带入公式（6.3）中进行回归检验，回归结果见表6.9。根据回归结果可知，$backzombie1$ 和 $backzombie2$ 的影响系数绝对值由高到低的组织韧性维度均依次是情景意识、恢复能力、超越能力、适应能力（超越能力和适应能力的 $backzombie2$ 的影响系数绝对值大小一样），其中适应能力的回归系数虽然为负，但不显著。以上结果说明，组织韧性不同维度对脱僵企业的"阻返"作用存在一定效果差异。

表6.9 组织韧性与"脱僵企业"的"阻返"结构解析

变量	情景意识		适应能力		恢复能力		超越能力	
	(1)	(2)	(3)	(4)	(5)	(6)	(7)	(8)
	$backzombie1$	$backzombie2$	$backzombie1$	$backzombie2$	$backzombie1$	$backzombie2$	$backzombie1$	$backzombie2$
OT	−0.000 9***	−0.001 0***	−0.000 2	−0.000 3	−0.000 8***	−0.000 9***	−0.000 3***	−0.000 3***
	(−2.71)	(−2.83)	(−0.85)	(−1.03)	(−4.07)	(−4.11)	(−3.03)	(−3.06)
$X_{i,t}$	Yes	Yes	Yes	Yes	Yes	Yes	Yes	Yes
μ_h	Yes	Yes	Yes	Yes	Yes	Yes	Yes	Yes
μ_t	Yes	Yes	Yes	Yes	Yes	Yes	Yes	Yes
N	38 024	38 024	38 024	38 024	38 024	38 024	38 024	38 024
adj_R^2	0.011 9	0.011 0	0.011 8	0.010 9	0.011 9	0.011 0	0.011 8	0.011 0

（2）基于企业生命周期视角的组织韧性与"脱僵企业"的"阻返"异质性检验

与前文逻辑类似，"脱僵企业"处在不同的生命周期，其返僵风险有差异，而不同的企业特质对处于不同生命周期的"脱僵企业"的效应也会有所不同。具体而言，处于成长期的企业，其面临的生产经营状况和外部商业环境更加多元和复杂，企业容易陷入僵尸化困境。而较强的组织韧性会对这个阶段的企业带来保护，使企业有足够的意愿和能力应对危机，从而降低返僵风险。当企业进入成熟期，其各方面都趋于稳定状态，组织韧性的强弱难以改变其面临的风险，导致较强的组织韧性对处于成熟期的"脱僵企业"行为影响不大。当企业进入衰退期，原先占有的市场份额逐渐缩小，利润不断下滑。由于缺乏利润增长点，企业财务状况不断恶化。并且衰退期企业往往过于保守，不愿意在企业变革性事物上投入过多资源，组织韧性难以发挥作用。因此综合而言，组织韧性对"脱僵企业"的影响在不同生命周期阶段具有异质性，对成长期、成熟期、衰退期的"脱僵企业"返僵影响程度依次减弱。本书借鉴 Dickinson（2011）的做法，通过经营、投资、筹资三类活动现金流净额的正负组合来反映不同生命周期，从而形成成长期、成熟期、衰退期三个企业生命周期阶段，由此划分三组子样本对公式（6.3）进行回归。表 6.10 汇报了 OT 在三个企业生命周期阶段对"脱僵企业"返僵的回归结果。可以看到，OT 对处于成长期企业的影响均在 1% 水平上显著为负，对处于成熟期企业的影响均在 5% 水平上显著为负，对处于衰退期企业的影响不显著。说明从企业生命周期的视角看，组织韧性对"脱僵企业"返僵的影响存在异质性。

表 6.10　基于企业生命周期视角的组织韧性与"脱僵企业"的"阻返"异质性检验

变量	成长期		成熟期		衰退期	
	(1)	(2)	(3)	(4)	(5)	(6)
	backzombie1	*backzombie2*	*backzombie1*	*backzombie2*	*backzombie1*	*backzombie2*
OT	−0.000 8***	−0.000 8***	−0.000 2**	−0.000 3**	−0.000 1	−0.000 2
	(−3.50)	(−3.52)	(−2.01)	(−2.07)	(−0.84)	(−1.02)
$X_{i,t}$	Yes	Yes	Yes	Yes	Yes	Yes
μ_h	Yes	Yes	Yes	Yes	Yes	Yes
μ_t	Yes	Yes	Yes	Yes	Yes	Yes
N	15 686	15 686	13 987	13 987	8 221	8 221
adj_R^2	0.021 9	0.020 8	0.004 1	0.003 5	0.005 9	0.004 9

（3）基于产业差异视角的组织韧性与"脱僵企业"的"阻返"异质性检验

与前文逻辑类似，组织韧性在不同产业间发挥的作用也会有所区别。比如对于管制性产业中的企业而言，这些企业主要涉及国计民生、国家安全和自然资源领域，具有较强的政策依赖性和政策导向性（郝增慧，2020）。这使管制性产业中的企业经营模式相对固定，对外界变化和危机感知较弱，组织韧性更难发挥作用。而对竞争性产业中的企业而言，其面临激烈的市场竞争，受到外界变化的影响较大。较强的组织韧性有助于其面对不确定性，对于"脱僵企业"返僵的效果更加明显。为了检验不同产业视角下组织韧性抑制"脱僵企业"返僵的效果差异，本书借鉴夏立军和陈信元（2007）的研究，将证监会 2012 版行业分类下行业代码为 B、C25、C26、C27、C28、C29、C30、C31、C32、C33、C39、C43、D、G、I 的行业定义为管制性产业，取值为 1；将其余行业定位为竞争性产业，取值为 0。在此基础上使用公式（6.3）对样本进行分组检验，具体结果见表 6.11。结果显示，管制性产业中 $backzombie1$ 以及 $backzombie2$ 的回归系数均不显著，而竞争性产业中的 $backzombie1$ 以及 $backzombie2$ 的回归系数均在 1% 水平上显著为负，这说明相较于管制性产业，组织韧性对属于竞争性产业的"脱僵企业"的"阻返"效果更加显著。

表 6.11 基于产业差异视角的组织韧性与"脱僵企业"的"阻返"异质性检验

变量	管制性产业		竞争性产业	
	(1)	(2)	(3)	(4)
	$backzombie1$	$backzombie2$	$backzombie1$	$backzombie2$
OT	−0.000 1	−0.000 1	−0.000 5***	−0.000 5***
	(−0.32)	(−0.32)	(−3.97)	(−4.02)
$X_{i,t}$	Yes	Yes	Yes	Yes
μ_h	Yes	Yes	Yes	Yes
μ_t	Yes	Yes	Yes	Yes
N	5 868	5 868	32 358	32 358
adj_R^2	0.011 9	0.011 9	0.011 9	0.011 1

（4）基于地区差异视角的组织韧性与"脱僵企业"的"阻返"异质性检验

与前文逻辑相似，不同的地区之间存在资源禀赋、经济发展水平、社会环境等方面差异，这将导致不同地区中的企业对相同的内外部环境的接受情况也会出现差异。对于东部地区而言，资源较为丰富，组织韧性较强的企业可以获取足够的资源支撑，从而降低"脱僵企业"返僵的风险。对于西部地区和东北地区而言，经济较落后，资源较为匮乏，组织韧性可以在一定程度上发挥资源替代效应，即使没有充足的资源支撑，较强的组织韧性也有助于企业抵御危机影响，从而降低"脱僵企业"返僵的风险。而对于中部企业而言，既没有资源支撑效应也没有资源替代效应，因此组织韧性对"脱僵企业"返僵的抑制效果不太明显。为了检验地区差异视角下组织韧性抑制"脱僵企业"返僵的效果差异，与前文 6.1.1.5 类似，基于国家统计局的划分标准，将企业按地域划分为东部地区、中部地区、西部地区、东北地区 4 个地区。然后使用公式（6.3）对样本进行分组检验，具体结果见表 6.12。结果显示，东部地区、西部地区、东北地区样本中的 $backzombie1$ 以及 $backzombie2$ 的回归系数在不同水平上显著为负，中部地区样本中的 $backzombie1$ 以及 $backzombie2$ 的回归系数均不显著，这说明东部地区、西部地区和东北地区企业的组织韧性对"脱僵企业"的"阻返"效果均显著，中部地区企业的组织韧性对"脱僵企业"的"阻返"效果不显著。

表 6.12 基于地区差异视角的组织韧性与"脱僵企业"的"阻返"异质性检验

变量	东部地区		中部地区		西部地区		东北地区	
	(1)	(2)	(3)	(4)	(5)	(6)	(7)	(8)
	$backzombie1$	$backzombie2$	$backzombie1$	$backzombie2$	$backzombie1$	$backzombie2$	$backzombie1$	$backzombie2$
OT	−0.000 2**	−0.000 2**	−0.000 6	−0.000 7	−0.002 0**	−0.002 2**	−0.001 4*	−0.001 9*
	(−2.55)	(2.55)	(−1.58)	(−1.58)	(−2.30)	(−2.39)	(−1.77)	(−1.83)
$X_{i,t}$	Yes	Yes	Yes	Yes	Yes	Yes	Yes	Yes
μ_h	Yes	Yes	Yes	Yes	Yes	Yes	Yes	Yes
μ_t	Yes	Yes	Yes	Yes	Yes	Yes	Yes	Yes
N	25 724	25 724	5 355	5 355	5 315	5 315	1 825	1 825
adj_R^2	0.008 6	0.008 4	0.015 8	0.014 7	0.019 0	0.017 4	0.017 1	0.011 9

6.1.3　政企关系与"脱僵企业"的"阻返"

6.1.3.1　理论分析

政企关系能够在很大程度上影响企业的行为与绩效，而"亲上加清"[①]的政企关系则可以给企业的日常运营带来一定的积极影响，有助于"脱僵企业"健康发展，从而降低其返僵风险。首先，"亲上加清"的政企关系使企业处在一个更加规范的市场环境中，使企业在生产经营过程中避免了烦琐低效的行政审批流程，可以节省大量的时间和精力，同时使政府和企业之间的关系更加透明，有助于加强社会各界的监督并减少政企合谋的空间。这都降低了"脱僵企业"面临的制度性交易成本，并且有利于"脱僵企业"对市场变化做出快速反映（许和连和成丽红，2016），从而降低了"脱僵企业"返僵风险。其次，"亲上加清"的政企关系使企业能够获得更多的资源支持，一方面体现在资金方面的支持，例如"亲上加清"的政企关系既可以使"脱僵企业"充分享受政府的各项优惠政策或者获得政府的特殊资金扶持，也可以作为一种隐性担保来降低企业与外界之间的信息不对称，帮助"脱僵企业"获得外界合理的资金支持（田贵贤和谢子远，2023）。另一方面体现在非资金方面的支持，例如，"亲上加清"的政企关系能够为"脱僵企业"创新提供有效的制度保障，防止侵权情况发生，从而提升创新收益（汪涛等，2021）。因此，更多的资源支持有助于阻止"脱僵企业"返僵。最后，"亲上加清"的政企关系降低了政府与企业之间的沟通阻碍和信息壁垒，能够有助于"脱僵企业"从政策制定部门获取最新的前瞻性信息，这些前瞻性信息能够帮助"脱僵企业"在竞争中及时调整经营决策，并以此提升自身产品和市场需求的契合程度，使其在竞争中获取优势。此外，"亲上加清"的政企关系在增强政府与企业之间交流的基础上，可以使企业更加快速有效地应对政策变化，将政策不确定带来的负面影响降至最低，从而提升企业决策的科学性，这最终都有助于提升"脱僵企业"的经营绩效，从而降低了其返僵风险。因此，结合上述分析，本书认为"亲上加清"的政企关系作为一种健康的利益协同机制，可以有效地阻止"脱僵企业"返僵，即政企关系越"亲上

[①]　"亲上加清"是指既亲又清（田贵贤和谢子远；2023）。

加清","脱僵企业"越难以返僵。

6.1.3.2 研究设计

（1）样本来源

关于政企关系的衡量，本书使用中国人民大学国家发展与战略研究院编制的《中国城市政商关系排行榜》，而该榜单从 2017 年开始编制，因此本部分以 2017—2022 年我国 A 股上市公司为研究对象，数据主要来源于中国城市政商关系排行榜、CSMAR 数据库及 CNRDS 数据库。在获取样本数据后执行以下筛选过程：①剔除金融行业样本；②剔除当年 IPO 企业；③剔除相关变量数据缺失的公司。最终得到 20 654 个企业-年度观测样本。在处理数据时，对关键连续变量进行上下 1% 的缩尾处理。

（2）变量说明

①"脱僵企业"返僵。与 6.1.1.2 中对"脱僵企业"返僵的定义一致，因此不再赘述。

②政企关系（$G\&C$）。《中国城市政商关系排行榜》构建了中国城市政商关系健康总指数，该指数包含亲近指数和清白指数两个方面，其中亲近指数包括政府对企业的关心、政府对企业的服务、企业的税费负担；清白指数包括政府廉洁度、政府透明度。本书使用各地区的城市政商关系健康指数作为政企关系的代理变量，如果企业所在城市的城市政商关系健康指数越高，则表明政企关系越健康，否则表明政企关系越不健康。由于中国人民大学国家发展与战略研究院没有发布 2020 年的城市政商关系健康指数，所以本书使用内插法对 2020 年各地区城市政商关系健康指数进行补充。

③控制变量。为缓解遗漏变量产生的干扰，提高回归估计效率，借鉴学界通常做法，在回归模型中加入如下控制变量：公司规模（$Size$）：市值总额的自然对数；成长性（$Growth$）：营业收入增长率；资产负债率（Lev）：负债总额与资产总额的比值；权益净利率（ROE）：净利润与平均权益的比值；托宾 Q（$TobinQ$）：企业市值与账面价值之比；独立董事比例（$Indep$）：年末独立董事人数与董事会人数的比值；第一大股东持股比例（CRI）：年末第一大股东持股数与公司总股数的比值；产权性质（SOE）：哑变量，国有企业取值为 1，否则为 0；行业（$Industry$）：哑变量，当前行业取 1，否则取 0；年度（$Year$）：哑变量，当前年度取 1，否则取 0。

（3）实证模型

为探究政企关系对"脱僵企业"返僵的影响，本书构建以下多元回归模型，其公式如下：

$$backzombie_{i,t}=\alpha+\beta G\&C_{i,t}+X_{i,t}\gamma+\mu_h+\mu_t+\varepsilon_{i,t}$$

公式（6.4）

公式（6.4）中，$backzombie_{i,t}$ 为被解释变量，包含 $backzombie1_{i,t}$ 和 $backzombie2_{i,t}$，表示"脱僵企业"返僵；$G\&C_{i,t}$ 为解释变量，企业 i 在 t 年的所在地政企关系指数；$X_{i,t}$ 为一组控制变量，用以控制公司层面随时间变化的因素对"脱僵企业"返僵的影响；μ_h 为行业固定效应，用以控制不随时间变动的行业特征；μ_t 为年度固定效应，用以控制各年度的经济周期特征；$\varepsilon_{i,t}$ 为随机扰动项，α、β 为待估参数，γ 为待估参数向量。

6.1.3.3　实证检验

为了检验政企关系对"脱僵企业"返僵的影响，根据公式（6.4）进行回归分析，结果列示于表6.13。列（1）（2）汇报了不控制年度、行业固定效应的回归结果，结果显示 $backzombie1$ 和 $backzombie2$ 的回归系数均在1%水平上显著为负。列（3）（4）汇报了控制企业特征、年度、行业固定效应的回归结果，结果显示 $backzombie1$ 和 $backzombie2$ 的回归系数均在1%水平上显著为负。结果表明，"亲上加清"的政企关系具有良好的"阻返"效果，能够显著地阻止"脱僵企业"返僵。

表6.13　政企关系与"脱僵企业"的"阻返"的基准回归结果

变量	(1) $backzombie1$	(2) $backzombie2$	(3) $backzombie1$	(4) $backzombie2$
$G\&C$	−0.000 1*** (−2.64)	−0.000 1*** (−2.90)	−0.000 1*** (−3.70)	−0.000 1*** (−3.89)
$X_{i,t}$	Yes	Yes	Yes	Yes
μ_h	No	No	Yes	Yes
μ_t	No	No	Yes	Yes
N	20 654	20 654	20 654	20 654
R^2/adj_R^2	0.008 5	0.007 8	0.009 5	0.008 5

6.1.3.4 稳健性检验

（1）PSM 检验

为了缓解样本自选择问题，减少样本间先天因素的影响，首先根据 $G\&C$ 取值的中位数设置虚拟变量，$G\&C$ 大于中位数的取值为 1，小于中位数的取值为 0；然后将基准回归中的所有控制变量作为协变量计算每个 $G\&C$ 样本的 $propensity\ score$；之后采用 1：1 最近邻匹配筛选出与 $G\&C$ 为 1 的样本 $propensity\ score$ 最为接近的 $G\&C$ 为 0 的样本；最后在满足平衡性假设和共同支撑假设的基础上重新对公式（6.4）进行回归分析，回归结果见表 6.14 PanelA 列（1）（2）。结果表明，$backzombie1$ 和 $backzombie2$ 的回归系数均值 1％水平上显著为负，表明基准回归结果的结论是稳健的。

（2）双重 cluster 检验

为了克服异方差问题对回归结果的影响，在控制年度-行业的基础上，按企业-年度两个维度进行双重 cluster 检验，使用聚类稳健的标准差进行回归，回归结果见表 6.14PanelA 列（3）（4）。结果显示，采用更加稳健的标准误进行回归后，$backzombie1$ 和 $backzombie2$ 的回归系数依然在 1％水平上显著为负，表明上述结论是稳健的。

（3）解释变量滞后一期

研究假说认为地区的政企关系越"亲上加清"，所在地的"脱僵企业"返僵的风险越低，而该结论的正确与否需要建立在无反向因果关系的前提下。因此为了排除反向因果关系的干扰，本书将核心解释变量 $G\&C$ 进行滞后一期处理得到 $G\&C\_lag$，并在此基础上重新进行回归，回归结果见表 6.14PanelB 列（1）（2）。结果显示，$G\&C\_lag$ 对 $backzombie1$ 和 $backzombie2$ 的回归系数均在 1％水平上显著为负，与前文回归结果一致，说明本书结论不受反向因果关系干扰。

（4）增加控制变量

从逻辑上来看，除了企业自身特征对其是否成为僵尸企业或者是否返僵有影响外，地区经济发展状况、产业结构、行业属性与时间的共同变化也可能对"脱僵企业"返僵产生影响，因此本书在利用公式（6.4）进行分析的基础上，增加属地 GDP 对数、属地第二产业产值占 GDP 比值、年度固定效应与行业固定效应的交乘项，回归结果见表 6.14PanelB 列（3）（4）。结果显示，$G\&C$ 对 $backzombie1$ 和 $backzombie2$ 的回归系数均在 1% 水平上显著为负，由此可见，在控制了可能遗漏的控制变量后，回归结果依然稳健。

表 6.14　政企关系与"脱僵企业"的"阻返"的稳健性检验

PanelA

变量	PSM 检验		双重 cluster 检验	
	(1)	(2)	(3)	(4)
	$backzombie1$	$backzombie2$	$backzombie1$	$backzombie2$
$G\&C$	-0.0002^{***}	-0.0002^{***}	-0.0001^{***}	-0.0001^{***}
	(-3.91)	(-4.04)	(-3.70)	(-3.89)
$X_{i,t}$	Yes	Yes	Yes	Yes
μ_h	Yes	Yes	Yes	Yes
μ_t	Yes	Yes	Yes	Yes
N	16 049	16 049	20 654	20 654
adj_R^2	0.010 9	0.009 9	0.009 5	0.008 5

PanelB

变量	解释变量滞后一期		增加控制变量	
	(1)	(2)	(3)	(4)
	$backzombie1$	$backzombie2$	$backzombie1$	$backzombie2$
$G\&C\_lag$	-0.0001^{***}	-0.0002^{***}		
	(-3.19)	(-3.39)		
$G\&C$			-0.0002^{***}	-0.0002^{***}
			(-4.40)	(-4.43)
$X_{i,t}$	Yes	Yes	Yes	Yes
μ_h	Yes	Yes	Yes	Yes
μ_t	Yes	Yes	Yes	Yes
N	16 703	16 703	17 163	17 163
adj_R^2	0.009 1	0.008 3	0.014 9	0.013 5

6.1.3.5　异质性检验

（1）政企关系与"脱僵企业"的"阻返"结构解析

前文已经证明了政企关系越好，"脱僵企业"返僵风险越低。而基于《中国城市政商关系排行榜》中的城市政商关系健康总指数，将其分解为亲近指数和清白指数,其中亲近指数反映了政府在多大程度上愿意与企业接触交往,特别是在企业遇到困难和问题时能在多大程度上积极作为、主动服务。一般而言,政府与企业之间的关系越发亲近,则政府愿意给予企业(包括"脱僵企业")的支持与指导越多,"脱僵企业"越难以返僵。清白指数反映了政府与企业在多大程度上具有清白纯洁的关系,一般而言,政府与企业之间的关系越发清白,则政府越不太可能与企业进行"合谋",那么"脱僵企业"越倾向于努力经营,因此其返僵风险越低。在逻辑上,虽然政企关系的两个层面对"脱僵企业"返僵风险都存在影响,但是影响程度可能存在异质性,因此需要通过实证方式进行检验。分别将亲近指数和清白指数作为被解释变量放入公式(6.4)进行回归分析,回归结果见表 6.15。可以看到,无论是以亲近指数还是以清白指数作为被解释变量,$backzombie1$ 以及 $backzombie2$ 的回归系数均在不同程度上显著为负,但是亲近指数的 t 值更大。可见,越亲近的政企关系以及越清白的政企关系,越能阻止"脱僵企业"返僵。在此基础上,通过对比显著性可以推断,亲近的政企关系可能比清白的政企关系"阻返"效果更好。

表 6.15　政企关系与"脱僵企业"的"阻返"结构解析(一级结构)

变量	亲近指数		清白指数	
	(1)	(2)	(3)	(4)
	$backzombie1$	$backzombie2$	$backzombie1$	$backzombie2$
$G\&C$	−0.000 1***	−0.000 1***	−0.000 1**	−0.000 1***
	(−3.54)	(−3.69)	(−2.55)	(−2.69)
$X_{i,t}$	Yes	Yes	Yes	Yes
μ_h	Yes	Yes	Yes	Yes
μ_t	Yes	Yes	Yes	Yes
N	20 654	20 654	20 654	20 654
adj_R^2	0.009 5	0.008 5	0.009 2	0.008 2

进一步地,将亲近指数分解为政府关心、政府服务、企业负担三个二级维度,将清白指数分解为政府廉洁、政府透明两个二级维度,并利用公式(6.4)进行回归分析,从而可以得到政企关系与"脱僵企业"返僵的二级结构解析结果。回归结果见表 6.16,根据结果可以发现,在亲近指数中,起

到主要"阻返"作用的是政府服务，而在清白指数中，起到主要"阻返"作用的是政府透明。由此可见，优质的政府服务以及保持透明开放的信息沟通机制有助于"脱僵企业"的后续治理。

表 6.16　政企关系与"脱僵企业"的"阻返"结构解析（二级结构）

PanelA					
*backzombie*1	政府关心	政府服务	企业负担	政府廉洁	政府透明
	(1)	(2)	(3)	(4)	(5)
G&C	−0.000 1	−0.000 1***	0.000 0	0.000 1	−0.000 1***
	(−1.29)	(−3.24)	(0.42)	(1.36)	(−2.90)
$X_{i,t}$	Yes	Yes	Yes	Yes	Yes
μ_h	Yes	Yes	Yes	Yes	Yes
μ_t	Yes	Yes	Yes	Yes	Yes
N	20 654	20 654	20 654	20 654	20 654
*adj_R*²	0.009 0	0.009 4	0.008 9	0.009 0	0.009 3
PanelB					
*backzombie*2	政府关心	政府服务	企业负担	政府廉洁	政府透明
	(1)	(2)	(3)	(4)	(5)
G&C	−0.000 1	−0.000 1***	0.000 0	0.000 1	−0.000 1***
	(−1.42)	(−3.37)	(0.17)	(1.56)	(−3.07)
$X_{i,t}$	Yes	Yes	Yes	Yes	Yes
μ_h	Yes	Yes	Yes	Yes	Yes
μ_t	Yes	Yes	Yes	Yes	Yes
N	20 654	20 654	20 654	20 654	20 654
*adj_R*²	0.008 0	0.008 4	0.007 9	0.008 0	0.008 3

（2）基于企业生命周期视角的政企关系与"脱僵企业"的"阻返"异质性检验

与前文逻辑类似，处于不同生命周期的"脱僵企业"，政企关系所能产生的影响也会有所不同。处于成长期的企业，其面临内外部环境多元且复杂，企业容易陷入僵尸化困境，而健康的政企关系会为企业更好地经营提供良好的保障，从而有助于降低"脱僵企业"的返僵风险。处于成熟期的企业,其各方面趋于稳定,政企关系的变化很难改变其决策和风险,从而对处于成熟期的"脱僵企业"行为决策影响不大,这自然也就难以改变其返僵风险。当企业进入衰退期,企业各方面绩效趋于恶化,并且对未来发展走势的掌控力度不足,外界环境的变化对其具有一定影响,而健康的政企关系则能够缓解外界环境带来的不利影响。但考虑到这个阶段的企业行为决策趋于保守,因此政企关系对衰退期企业所能发挥的作用在逻辑上还是会低于成长期企业。基于上述分析,总体而言,政企关系对"脱僵企业"的影响在不同生命周期阶段具有异质性。本书借鉴 Dickinson(2011)的做法,通过经营、投资、筹资三类活动现金流净额的正负组合来反映不同生命周期,从而形成成长期、成熟期、衰退期三个企业生命周期阶段,由此划分三组子样本利用公式(6.4)进行回归分析。表 6.17 显示了 $G\&C$ 在三个企业生命周期阶段对"脱僵企业"返僵的回归结果。可以看到,"亲上加清"的政企关系对处于成长期企业的影响均在 1% 水平上显著为负,对处于成熟期企业的影响均不显著,对处于衰退期企业的在一定程度上显著为负。说明从企业生命周期的视角看,政企关系对"脱僵企业"返僵的影响存在异质性。

表 6.17 基于企业生命周期视角的政企关系与"脱僵企业"的"阻返"异质性检验

变量	成长期		成熟期		衰退期	
	(1)	(2)	(3)	(4)	(5)	(6)
	$backzombie1$	$backzombie2$	$backzombie1$	$backzombie2$	$backzombie1$	$backzombie2$
$G\&C$	-0.0002^{***}	-0.0002^{***}	-0.0000	-0.0000	-0.0001	-0.0001^{*}
	(-3.25)	(-3.36)	(-0.81)	(-0.99)	(-1.58)	(-1.73)
$X_{i,t}$	Yes	Yes	Yes	Yes	Yes	Yes
μ_h	Yes	Yes	Yes	Yes	Yes	Yes
μ_t	Yes	Yes	Yes	Yes	Yes	Yes
N	7 679	7 679	7 825	7 825	5 007	5 007
adj_R^2	0.017 0	0.015 5	0.002 1	0.001 5	0.005 7	0.004 7

(3)基于产业差异视角的政企关系与"脱僵企业"的"阻返"异质性检验

与前文逻辑类似,政企关系在不同产业间发挥的作用也会有所区别。比如对于劳动密集型产业而言,政企关系对这类产业中"脱僵企业"的返僵风险具有较大影响，因为劳动密集型产业中的企业专注于利用劳动力优势获取竞争优势，特别是政府部门有非常强烈的稳定劳动力市场的需求，因此"亲上加清"的政企关系能够使政企双方在劳动保护、劳动雇佣、劳动价值提升等方面实现高效率合作，由此可以增加劳动密集型产业的整体福利，从而降低"脱僵企业"的返僵风险。而对于技术密集型产业而言，"亲上加清"的政企关系能够使企业在知识产权保护等方面获得支持，但这种关系优势相对于劳动密集型产业较不明显。此外，对于资本密集型产业而言，政府部门对于资本的管控向来较为严格，"亲上加清"的政企关系并不会改变对这类企业原来就有的影响，因此对"脱僵企业"返僵风险的作用效果则不太明显。为了检验不同产业视角下政企关系抑制"脱僵企业"返僵的效果差异，本书借鉴董屹宇和郭泽光（2021）的研究，将证监会 2012 版行业分类下行业代码为 A、B、C13、C14、C15、C16、C17、C18、C19、C20、C21、C41、C42、C43、F、H、K、L、N、O、P、Q、R、S 的行业定义为劳动密集型产业，取值为 1；将代码为 C22、C23、C24、C25、C26、C27、C28、C29、C30、C31、C32、C33、D、G 的行业定义为资本密集型产业，取值为 2；将代码为 C34、C35、C36、C37、C38、C39、C40、E、I、M 的行业定义为技术密集型产业，取值为 3。在此基础上使用公式（6.4）对样本进行分组检验，具体结果见表 6.18。结果显示，劳动密集型产业中 $backzombie1$ 以及 $backzombie2$ 的回归系数均在 1% 水平上显著为负，资本密集型产业中 $backzombie1$ 以及 $backzombie2$ 的回归系数均不显著，技术密集型产业中 $backzombie1$ 不显著为负，而 $backzombie2$ 在 10% 水平上显著为负。这表明"亲上加清"的政企关系对劳动密集型产业中"脱僵企业"的"阻返"效果最佳，其次是对技术密集型产业中的"脱僵企业"，而对资本密集型产业中的"脱僵企业"的"阻返"效果不明显。

表 6.18 基于产业差异视角的政企关系与"脱僵企业"的"阻返"异质性检验

变量	劳动密集型产业		资本密集型产业		技术密集型产业	
	(1)	(2)	(3)	(4)	(5)	(6)
	$backzombie1$	$backzombie2$	$backzombie1$	$backzombie2$	$backzombie1$	$backzombie2$
$G\&C$	−0.000 3***	−0.000 3***	−0.000 0	−0.000 1	−0.000 1	−0.000 1*
	(−3.46)	(−3.52)	(−0.67)	(−0.92)	(−1.63)	(−1.73)
$X_{i,t}$	Yes	Yes	Yes	Yes	Yes	Yes

(续)

变量	劳动密集型产业		资本密集型产业		技术密集型产业	
	(1)	(2)	(3)	(4)	(5)	(6)
	backzombie1	*backzombie2*	*backzombie1*	*backzombie2*	*backzombie1*	*backzombie2*
μ_h	Yes	Yes	Yes	Yes	Yes	Yes
μ_t	Yes	Yes	Yes	Yes	Yes	Yes
N	5 045	5 045	6 225	6 225	8 829	8 829
adj_R^2	0.005 2	0.005 3	0.013 5	0.011 0	0.012 0	0.011 3

6.2 "脱僵企业"的"阻返"机制构建

6.2.1 增强市场竞争机制

根据前文理论分析与实证结果，可知需要引入市场竞争机制来缓解行政化主导的僵尸企业清理问题从而阻止"脱僵企业"返僵。具体而言，第一，坚持市场公平竞争理念。市场竞争机制的存在有利于发挥企业主观能动性，激励企业努力经营，使企业通过正确的方式获得生存与发展的权利。政府部门需要将市场竞争机制进行制度化体现，通过积极采取措施来完善市场竞争机制，同时破除区域和产业间的无效阻碍，缓解不同组织获取市场机会的不公平差异。坚持市场公平竞争理念，使社会认可和接受"优胜劣汰"的商业运行逻辑，这有助于"脱僵企业"改善经营模式、提升经营质量，最终有助于降低"脱僵企业"的返僵风险。第二，充分考虑处于不同生命周期的脱僵企业的发展演化特征。例如，针对企业在成熟期对外界变化感知不敏锐、在衰退期又过于保守以及资源匮乏的情况，仅仅单独依靠市场竞争机制对这两个阶段"脱僵企业"的"阻返"作用效果是有限的。因此可以通过引入其他辅助机制进行补充，比如政府通过调整高技术专项设备抵税标准增强成熟期企业的变革意愿，而通过采用加计成本扣除、延长亏损弥补年限等方式向衰退期企业提供一定资源。第三，重视市场竞争机制的行业靶向。考虑到市场竞争对属于非高新技术企业中的"脱僵企业"的"阻返"效果更加显著，这在一定程度上说明技术本身具有较好的"阻返"效果。因此非高新技术企业在参与市场竞争时，也要十分注重技术的获取与应用，这既有助于非高新技术企业提升生产效率以及市场竞争力,也有助于其脱僵以后更难以返僵。第四,在制定"阻返"的相关市场竞争政策时,应当注意区域差异以避免出现一刀切的情况。例如,对于资源发达以及相对发达地区而言,其本身市场竞争机制较为完善,因此制定和完善政策的重点应该由市场竞争向全国统一大市场做出转变。而对于资源欠发达地区而言,其本身市场竞争机制不够完善,因此有必要结合自身情况,借鉴已有成功经验,制定更加科学合理的市场竞争政策,从而极大程度上发掘市场竞争对处于欠发达地区的"脱僵企业"的"阻返"效力。

6.2.2　降低组织脆弱性

根据前文理论分析与实证结果,可知较强的组织韧性也有助于阻止"脱僵企业"返僵。因此就企业本身而言,非常有必要采取措施增强自身组织韧性以降低组织脆弱性。具体而言,第一,重视"脱僵企业"发展演化特征,因势利导根据企业所处不同阶段构建相应的梯度性韧性培育机制。例如,针对处于成长期的"脱僵企业",需要重点关注其面临的不稳定内外部环境,政府部门可以通过出台针对性的减税降费政策来减轻企业负担,增加"脱僵企业"的资金储备以应对不确定冲击;金融部门密切关注"脱僵企业",并对"脱僵企业"的真实状况进行合理评估,对于生产经营和盈利模式走上正轨的"脱僵企业"要给予一定的金融政策支持;企业自身要抓住机会,利用脱僵的趋势不断积累自身安全边际,并基于合理的资金盈余增强研发、提高效率,通过增强自身组织韧性来降低返僵风险。而针对处于成熟期的"脱僵企业",其自身也要注意增强组织韧性,注重组织韧性各构成要素的优化,并且不断关注内外部环境的变化,以降低组织脆弱性。针对处于衰退期的"脱僵企业",积极采取其他有效行动,以期减少持续衰退带来的损失。第二,基于情景意识、适应能力、恢复能力、超越能力间复杂关系的耦合机制,注重有效组合组织韧性各项关键构成要素,并构建"脱僵企业"多要素协同下的组织韧性提升机制。例如,根据组织恢复能力对"脱僵企业""阻返"效果最明显,而组织适应能力对"脱僵企业"的"阻返"效果最不明显这一结果,可知企业有必要将更多的资源从构建适应能力向构建恢复能力转化,可以通过合理布局供应链上下游企业空间分布、打通生产要素流通渠道等方式,将资源进行合理布局。当企业面临不确定性冲击时,依靠稳固的供应链关系迅速恢复至正常状态。第三,重视不同产业的运行逻辑以及不同地区的禀赋效应。一方面,对管制性产业,需要注意通过更加行之有效的方式来降低产业内"脱僵企业"返僵的概率。而对竞争型产业,则有必要对产业内"脱僵企业"的组织韧性进行重点关注,通过加大培育力度来提升"脱僵企业"的组织韧性,从而降低其返僵风险。另一方面,对于禀赋效应明显的地区,要充分认识到区域特征与"脱僵企业"演化规律之间的联系,在此基础上加强组织韧性培育。而对于禀赋效应不明显的地区,有必要进一步发掘区域典型禀赋,形成区域发展特色,在此基础上与"脱僵企业"自身组织韧性形成良好的协同效应,从而降低"脱僵企业"返僵风险。

6.2.3　改善政企协作关系

根据前文理论分析与实证结果,可知"亲上加清"的政企关系有助于阻止"脱僵企业"返僵。因此就企业的外部关系而言,改善政企协作关系来缓解僵尸企业相关主体之间的利益冲突或利益合谋就显得十分有必要。第一,政府部门要与属地企业努力构建"亲上加清"的政企关系,一方面,政府要建设强大的执政能力来提升国家治理能力,并积极采取各种政策措施支持企业生产经营,破除政府与企业的沟通交流阻碍,通过拉近政府与企业之间的距离来推动企业高质量发展和高效率经营;另一方面,要努力培育更多的社会监督力量来加强政企合作而非政企合谋,通过发展制度性监督和非制度性监督双规监督机制来减少寻租行为的同时进一步推动经济高质量发展。第二,在构建"亲上加清"的政企关系的基础上,要深入发掘政府服务和政府透明在阻止"脱僵企业"返僵过程中的主力作用,通过向"脱僵企业"提供更加优质的政府服务和更加透明的政府信息来降低"脱僵企业"返僵的风险。第三,以动态和发展的眼光看待政企关系,关注政企关系对不同生命周期企业所发挥的作用效力,例如,对处于成长期的"脱僵企业",政府部门的相关政策要有针对性倾斜,通过出台一系列针对性政策,并发动社会各界的力量来深化政企合作;对处于成熟期的"脱僵企业",政府部门可以适当从关系中抽离,将更多的注意力转移到成长期"脱僵企业"和衰退期"脱僵企业",从而避免资源浪费;对处于衰退期的"脱僵企业",充分挖掘这类企业可能的价值增长点，加大对这类企业生产要素和商业环境的改善力度，延缓其衰退趋势。第四，充分重视政企关系对"脱僵企业"的"阻返"的产业靶向效应，比如针对处于劳动密集型产业中的"脱僵企业"，要加强政企双方在劳动保护、劳动雇佣、劳动价值提升等方面的合作，提高合作效率，巩固合作成果；针对处于资本密集型产业中的"脱僵企业"，要为通用型的资本监管政策提供稳定的环境，防止资本无效扩张；针对处于技术密集型产业中的"脱僵企业"，政府部门要注重维护其在知识产权保护等方面的利益诉求。通过改善政企协作关系来缓解僵尸企业相关主体之间的利益冲突或利益合谋，从而达到阻止"脱僵企业"返僵的目的。

6.3 本章小结

经过上述研究，本章结论如下：

第一，市场竞争机制作为企业的外部治理机制，可以使企业采用积极或消极的方式减少道德风险和逆向选择行为，从而达到阻止"脱僵企业"返僵的目的，该结论通过实证检验和稳健性检验后依然成立。进一步地，市场竞争机制对"脱僵企业"的"阻返"效果具有异质性，具体而言：①市场竞争机制对处于成长期企业的影响均在5％水平上显著为负，而对处于成熟期企业和衰退期企业的影响不显著；②相较于属于高新技术企业组的"脱僵企业"，市场竞争机制对属于非高新技术企业组的"脱僵企业"的"阻返"效果更加显著；③相较于非西部地区，市场竞争对处于西部地区的"脱僵企业"的"阻返"效果更加显著。

第二，组织韧性作为企业自身的重要组织特质，其存在可以强化企业情景意识，增强企业适应能力、恢复能力以及超越能力，从而达到阻止"脱僵企业"返僵的目的，该结论通过实证检验和稳健性检验后依然成立。进一步地，组织韧性对"脱僵企业"的"阻返"效果具有异质性，具体而言：①组织韧性对"脱僵企业"的影响系数绝对值由高到低的组织韧性维度依次是情景意识、恢复能力、超越能力、适应能力，这说明组织韧性不同维度对"脱僵企业"的"阻返"作用存在一定效果差异；②组织韧性对处于成长期企业的影响在1％水平上显著为负，对处于成熟期企业的影响在5％水平上显著为负，对处于衰退期企业的影响不显著；③相较于管制性产业，组织韧性对属于竞争性产业的"脱僵企业"的"阻返"效果更加显著；④东部地区企业的组织韧性对"脱僵企业"的"阻返"效果最显著，而中部地区企业的组织韧性对"脱僵企业"的"阻返"效果最不显著。

第三，良好的政企关系可以在企业日常营运过程中给其带来一定的积极影响，有助于"脱僵企业"健康发展，从而达到阻止其返僵的效果，该结论通过实证检验和稳健性检验后依然成立。进一步地，政企关系对"脱僵企业"的"阻返"效果具有异质性，具体而言：①亲近以及清白的政商关系均有"阻返"作用，但亲近的政企关系可能比清白的政企关系"阻返"效果更好，进一步地，在亲近关系中，起到主要"阻返"作用的是政府服务，而在清白关系中，起到主要"阻返"作用的是政府透明；②"亲上加清"的政企关系对处于成长期企业的影响均在1%水平上显著为负，对处于成熟期企业的影响均不显著，对处于衰退期企业的在一定程度上显著为负；③"亲上加清"的政企关系对劳动密集型产业中的"脱僵企业"的"阻返"效果最佳，其次是对技术密集型产业中的"脱僵企业"，而对资本密集型产业中的"脱僵企业"的"阻返"效果不明显。

第四，为了构建系统性的"脱僵企业"阻返机制，首先，在宏观上要引入市场竞争机制以缓解行政化主导的僵尸企业清理问题从而阻止"脱僵企业"返僵，坚持市场公平竞争理念，并充分考虑处于不同生命周期"脱僵企业"的发展演化特征，而且要重视市场竞争机制的行业靶向，同时在制定"阻返"的相关市场竞争政策时，应当注意区域差异以避免出现一刀切的情况。其次，就企业本身而言，非常有必要采取措施增强自身组织韧性来降低组织脆弱性，因势利导根据企业所处不同阶段构建相应的梯度性韧性培育机制以及为"脱僵企业"构建多要素协同下的组织韧性提升机制，并且需要重视不同产业的运行逻辑以及不同地区的禀赋效应。最后，就政企关系而言，政府部门要与属地企业努力构建"亲上加清"的政企关系，在构建"亲上加清"的政企关系的基础上，要深入发掘政府服务和政府透明在阻止"脱僵企业"返僵过程中的主力作用，并以动态和发展的眼光看待政企关系，关注政企关系对不同生命周期企业所发挥的作用效力，同时充分重视政企关系对"脱僵企业"的"阻返"的产业靶向效应。

第 7 章 结论与展望

7.1 主要工作与结论

本书在我国经济高质量发展的背景下，跟踪关注我国僵尸企业处置效果，以"脱僵企业"返僵风险为切入点，系统研究"脱僵企业"返僵风险动态预警问题，探索"脱僵企业"的演化规律，明确"脱僵企业"返僵的影响因素。在此基础上有针对性地构建阻止"脱僵企业"返僵的系统性机制。本书遵循"构建理论框架—精准识别样本—设计指标体系—建立预警模型—构建'阻返'机制"的研究思路，分析了"脱僵企业"的演化规律，提供了"脱僵企业"返僵风险预警的理论框架，弥补了学界对"脱僵企业"返僵风险预警的研究不足。这将助于学界深化对"僵尸企业脱僵后一段时间又返僵"这一新经济现象的认识，并有力推进"脱僵企业"返僵风险和经济供给侧结构性改革的理论研究。此外，本书针对我国僵尸企业处置过程中出现的问题，建立了"脱僵企业"返僵风险动态预警模型和相应的"阻返"机制，对于我国防范原有僵尸企业再生、巩固僵尸企业处置成果、提升企业高质量发展水平、实现经济持续健康发展具有较大实际应用价值。本书的主要工作与结论可以概括为以下几个方面。

（1）完善了僵尸企业演化周期及预警理论框架

本书结合前期研究以及对相关学术文献进行大量梳理，认为僵尸企业的认定应当突破基于信贷补贴、财务困境以识别僵尸企业的思维，立足于全面识别僵尸企业的视角，使其能充分反映僵尸企业产能效率低下、僵而不死的根本特征。此外，僵尸企业的演化研究不能仅仅只遵循"从无到有"的单向发展方向，也需要探讨僵尸企业脱僵，以及脱僵后返僵的动态反复过程。该部分的研究结论包括：①僵尸企业是指同时陷入财务困境、经营困境、产能过剩困境、外部援助困境、僵而不死困境这五重困境的企业；"脱僵企业"是指曾经是僵尸企业，经处置后未出清且不再满足僵尸企业认定标准的企业；返僵企业是指至少成为两次以上僵尸企业的企业。②僵尸企业具有其独特的生命周期，"脱僵企业"逻辑上属于该生命周期的一环，并且僵尸企业动态演化过程具有可逆性，其可以通过改善管理等方式消除弊病、扭转颓势。③"脱僵企业"返僵风险预警是一个系统性工作，既涉及风险预警研究的基本范式，也涉及僵尸企业的理论研究和实证分析。因此需要将相关研究工作整合到一个理论框架中，结合预警活动的一般步骤可以构建"脱僵企业"返僵风险动态预警理论框架，即"脱僵企业"返僵的精准识别（确定预警对象）、"脱僵企业"返僵风险预警指标设计（寻找警源、分析警兆与预报警度）、"脱僵企业"返僵风险预警模型建立（建立预警模型）、"阻返"机制研究（预警结果应用）。

（2）构建了"脱僵企业"返僵风险预警指标体系

预警指标体系由预警输入指标和预警输出指标构成，其中，预警输入指标是预警活动中的警兆，是追踪预测"脱僵企业"未来是否会重新返僵的信息源头。预警输出指标是预警活动中的警示程度，通过合成综合指数的方法进行量化，用来反映"脱僵企业"返僵风险。该部分的研究结论包括：①僵尸企业的识别指标可以同时成为预警输入指标的组成部分和预警输出指标的计算依据，区别在于识别指标作为预警输入指标时是进行滞后处理的历史数据，具有警兆的属性；识别指标作为预警输出指标的计算依据时是即时数据，反映企业当前的状态。②选择在理论上可以追踪或反映企业僵尸状态的警兆指标以构成"脱僵企业"返僵风险动态预警输入指标体系，即由历史数据组成的现金流到期债务保障倍数、资产报酬率、产能利用率、反输血率、短期波动、长期趋势 6 个指标。③在预警输出指标层面，将能够反映即时返僵风险特征的 4 个代理指标用于合成 ZSI，其数值越高说明样本健康状况越好、返僵风险越低；数值越低则说明样本健康状况越差、返僵风险越高。

（3）建立了"脱僵企业"返僵风险动态预警模型

预警模型的建立，应当具有完整的理论依据来指导变量的选取和模型的应用，并且要深度结合预警场景。考虑到信息之间存在非线性关系以及信息处理具有复杂性,这使利益相关者基于已有信息作出的有关企业是否返僵的决策存在有限理性。本书建立的"脱僵企业"返僵风险动态预警模型可以在一定程度上有效帮助利益相关者提前发现风险信号以做出反应,从而促进企业及时调整发展策略、促进其对现有资源的高效配置并加强利益相关者权益的维护。该部分的研究结论包括:①设计基于遗传算法-BP神经网络的"脱僵企业"返僵风险动态预警模型,通过结合遗传算法和神经网络两种算法的优点,避免了对参数的主观调试,增强了参数选取客观性,减轻了手动工作的负担,并且通过算法获得的参数接近全局最优解,从而有助于提升预警模型的工作性能。②基于多时期多分类视角建立动态预警模型,该视角突破了传统二分类预警研究,不仅可以判断"脱僵企业"是否返僵,还可以评估"脱僵企业"返僵的风险大小,优化了仅对样本企业划分为0和1二元变量的模糊状态,这有利于向模型使用者提供更多有用信息。③模型预警结果表明,当确定了目标样本首次识别为僵尸企业的时间点,僵尸企业脱僵后到再次成为僵尸企业的预测准确率就可以达到100%。此外,该预警模型对僵尸企业首次识别预测,以及非僵尸企业真实状态预测修正均表现了较好的工作性能。

(4)提出了"脱僵企业"返僵风险"阻返"机制

机制的构建涉及中央与地方、政府与社会组织、组织与个人、机制间本身的冲突。在把握"脱僵企业"返僵风险及其重要影响因素基础上,基于"外部—内部—内外互动"视角,提出强化市场竞争、增强组织韧性、建立"亲上加清"政企关系三重"阻返"机制。该部分的研究结论包括:①市场竞争机制作为企业的外部治理机制,可以使企业采用积极或消极的方式减少道德风险和逆向选择行为,从而达到阻止"脱僵企业"返僵的目的。②组织韧性作为企业自身的重要组织特质,其存在可以强化企业情景意识,增强企业适应能力、恢复能力以及超越能力,从而达到阻止"脱僵企业"返僵的目的。③良好的政企关系可以在企业日常运营过程中给其带来一定的积极影响,有助于"脱僵企业"健康发展,从而达到阻止其返僵的效果。④为了构建系统性的"脱僵企业"阻返机制,首先在宏观上要引入市场竞争机制以缓解行政化主导的僵尸企业清理问题从而阻止"脱僵企业"返僵;其次就企业本身而言,非常有必要采取措施增强自身组织韧性以降低组织脆弱性;最后，就政企关系而言，政府部门要与属地企业努力构建"亲上加清"的政企关系。总之，要通过修正"脱僵企业"在发展过程中的不合理因素，不断巩固僵尸企业处置的成果，以帮助经济高质量发展。

7.2　研究启示

"脱僵企业"返僵是经济发展过程中隐蔽性较强但是需要关注的问题。全方位、系统性地应对该问题是优化市场资源配置、实现经济高质量发展重要所在。本书的理论研究和实证分析具有以下启示。

（1）重视"脱僵企业"演化规律，关注"脱僵企业"经济后果

"脱僵企业"曾经是僵尸企业，经处置后未出清且不再满足僵尸企业认定标准的企业。这类企业理论上属于正常企业，但由于其可能存在天然缺陷带来的强脆弱性，导致其重新成为僵尸企业的风险高于一般正常企业，所以需要予以特别关注。一方面，在经济社会高速发展过程中，僵尸企业的形成以及"脱僵企业"的返僵难以做到"一次治理，一劳永逸"，上述问题可能重复出现，每一次出现的形式可能会有所差异。即使本轮治理了僵尸企业以及返僵企业，也不能代表曾经的僵尸企业以及返僵企业不会再次返僵，更不能确保未来没有新的僵尸企业以及返僵企业出现。因此对待这一问题，需要采取"堵不如疏"的策略，学界需要进一步加强"脱僵企业"演化规律相关研究，深化对"脱僵企业"不同发展去向的认识，形成动态处理"脱僵企业"的策略思维，针对不同形势下出现的"脱僵企业"，把握其出现原因和发展进程，从而为提出针对性的应对策略提供理论储备。另一方面，降低"脱僵企业"返僵带来的负面影响是"脱僵企业"理论研究的最终目标，也是我国经济高质量发展的重要途径。因此学界需要科学评估由于"脱僵企业"返僵而导致的经济后果，针对不同演化阶段、不同返僵风险的"脱僵企业"形成基于多维视角的经济效益分析矩阵，避免一刀切的处理方式，明确不同应对策略对应的成本与收益，评估不同处理方案的综合效用，通过精细化的动态应对思路来提升"脱僵企业"返僵问题应对策略的效率和效能，实现"脱僵企业"返僵问题的妥善处理。

（2）加强"脱僵企业"返僵风险预警，提升组织风险管理水平

"脱僵企业"返僵既受到外部因素的影响，也受到内部因素的影响，但无论受到何种因素的影响，将问题遏制在源头中则是相对理性的做法，因为这降低了处理问题的难度，也减少了"脱僵企业"返僵带来的损失。综上，无论是政府部门、企业自身或是其他利益相关者都有必要加强"脱僵企业"返僵风险预警，并在此基础上提升自身风险管理水平。其一，政府部门要培养全社会范围的风险意识，并强化经营主体责任感建设，通过开展风险教育、风险巡查、风险惩戒等方式，培育经营主体的预警文化，从而引导经营主体养成及时应对风险的习惯，增强对待潜在危机的警觉。其二，企业自身有必要拥抱数字经济，通过引入诸如应用程序编程接口（API）、机器人流程自动化（RPA）、云共享、数据仓库、数据清洗、数据中台、深度学习等数字技术，强化对业务和财务信息的收集、传递、储存、整理、分析、管理、可视化等方面的能力。在此基础上建立综合风险预警系统，对包括返僵风险在内的各种风险形成可视化看板进行实时监控，实现风险管理和数字技术的有机结合，提升风险管理的及时性、准确性、科学性和系统性，为及时作出风险应对决策提供可靠依据。其三，包括银行在内的利益相关者可以根据实际情况单独成立风险检测部门，时刻监控重点客户中"脱僵企业"的发展态势，对于返僵风险较高的"脱僵企业"则需要避免持续输入无效的资源供给，并提前积极介入债权的维护；对于返僵风险较低的"脱僵企业"则可以加强业务合作与指导，通过进一步帮助"脱僵企业"持续健康发展以实现互惠共赢。

（3）落实"脱僵企业"阻返机制，巩固僵尸企业处置成效

"脱僵企业"返僵的原因与僵尸企业形成的原因有所差异，针对"脱僵企业"返僵的原因，需要构建系统性的"阻返"机制。机制的构建涉及中央与地方、政府与社会组织、组织与个人、机制间本身的冲突，因此有必要调和冲突，有效落实"阻返"机制。本书提出了完善市场竞争、增强组织韧性、优化政企关系三大"脱僵企业"的"阻返"机制，为了使"阻返"机制行之有效，首先，要保障"阻返"机制发挥作用的渠道通畅，破除阻碍市场竞争、组织韧性、政企关系发挥作用制度性以及非制度性因素，使三大"阻返"机制能够最大化阻止"脱僵企业"返僵。其次，要营造良好的政策环境，为"阻返"机制发挥作用提供外部基础条件，例如通过贯彻落实全国统

一大市场相关政策，破除妨碍市场资源高效配置的体制机制障碍，发挥市场在资源配置中的决定性作用，增强市场优胜劣汰的属性；又如通过实施创新扶持政策来提升组织韧性，弥补组织特别是"脱僵企业"天然存在的脆弱性；再如通过简政放权、精简不必要的行政审批、依法保障企业自主权、优化营商环境等政策来激发企业的发展活力。最后，政府需要关注"阻返"机制的差异化特性，其在制定"脱僵企业"的"阻返"配套措施时，应当避免出现一刀切的情况，需要充分将企业的生命周期特征、产业特征、区域特征等因素考虑在内，提高具体"阻返"政策的科学性、有效性和精准性。

7.3　未来展望

本书的研究完善了"脱僵企业"返僵风险预警理论框架，构建了基于优化类机器学习的"脱僵企业"返僵风险动态预警方法体系，为利益相关者开展"脱僵企业"返僵风险动态预警提供了决策辅助工具。但鉴于作者水平有限，本书研究也存在一定不足，未来的研究可以在以下几个方面进一步开展：

①囿于数据可得性，本书主要使用上市公司数据进行研究，虽然上市公司作为企业中的精英，具有典型性和重要性，但是未来可以通过田野调查等方法获取非上市公司、中小企业的相关数据，或者针对特定行业进行研究，如此可以提升预警模型对特定主体的有效性和精准性。

②本书使用的数据时间间隔为 1 年，属于低频数据。理论上，"脱僵企业"无论朝什么方向演化都并非一蹴而就的，捕捉其不同时点的数据频率越高，则信息含量越充分，越有助于提升预警模型的精准度。因此未来在条件允许的情况下，可以通过各种开放方式缩短数据期间间隔，更多地获取月度甚至日度等高频数据用于预警模型训练。

③本书将"脱僵企业"动态演化过程假设为一种线性发展过程，未来可以进一步在理论上进行突破，将非线性视角纳入"脱僵企业"动态演化过程，并基于诸如深度神经网络等性能更强大的算法建立预警模型，从而提升预警模型的多模性和适用性。

参考文献
REFERENCES

蔡红艳，韩立岩，2003. 上市公司财务状况判定模型研究 ［J］. 审计研究（1）：62－64.

蔡宏波，宋研霏，马红旗，2020. 城市商业银行设立与僵尸企业的形成 ［J］. 中国工业经济（9）：80－98.

蔡玉兰，2016. Merton 违约距离模型对我国上市公司财务困境预测的有效性研究 ［D］. 广州：华南理工大学.

陈瑞华，周峰，刘莉亚，2020. 僵尸企业与企业创新：银行竞争的视角 ［J］. 经济管理（12）：1－18.

陈玉洁，仲伟周，2019. 基于演化博弈的僵尸企业退出机制 ［J］. 北京理工大学学报，21（2）：59－66.

陈运森，黄健峤，2017. 地域偏爱与僵尸企业的形成：来自中国的经验证据 ［J］. 经济管理，39（9）：149－166.

程虹，胡德状，2016. "僵尸企业"存在之谜：基于企业微观因素的实证解释：来自2015年"中国企业-员工匹配调查"（CEES）的经验证据 ［J］. 宏观质量研究，4（1）：7－25.

邓晓岚，2008. 股票市场因素在财务困境风险评价中的应用：基于风险模型的实证分析 ［J］. 经济与管理研究（3）：84－88.

董屹宇，郭泽光，2021. 风险资本与企业技术创新：基于要素密集度行业差异性的研究 ［J］. 财贸研究，32（8）：99－110.

方明月，孙鲲鹏，2019. 国企混合所有制能治疗僵尸企业吗？：一个混合所有制类啄序逻辑 ［J］. 金融研究（1）：91－110.

方明月，张雨潇，聂辉华，2018. 中小民营企业成为僵尸企业之谜 ［J］. 学术月刊，50（3）：75－86.

符刚，曾萍，陈冠林，2016. 经济新常态下企业财务危机预警实证研究 ［J］. 财经科学（9）：88－99.

郭莹，2016. 供给侧结构性改革视角下僵尸企业的成因与出清路径 ［J］. 现代经济探讨

（12）：54－58.

郭玉清，张妍，张静文，2020.“僵尸企业”的外部性税负影响及税务治理［J］. 税务研究（12）：35－41.

韩飞，田昆儒，2017. 僵尸企业微观治理：基于内部控制和相关人持股视角［J］. 经济体制改革（5）：101－108.

郝增慧，2020. 政策不确定性与企业社会责任：基于地方官员变更的视角［J］. 山西财经大学学报，42（4）：94－108.

何帆，朱鹤，2016. 僵尸企业的识别与应对［J］. 中国金融（5）：20－22.

胡冰，2016. 关于供给侧结构性改革背景下处置僵尸企业的探讨［J］. 西南金融（12）：23－29.

胡洪曙，梅思雨，2020. 僵尸企业、税负扭曲与产业结构升级［J］. 税务研究（12）：27－34.

胡楠，薛付婧，王昊楠，2021. 管理者短视主义影响企业长期投资吗？：基于文本分析和机器学习［J］. 管理世界，37（5）：139－156，11，19－21.

黄群慧，李晓华，2016.“僵尸企业”的成因与处置策略［N］. 光明日报，2016－4－13（15）.

黄少卿，陈彦，2017. 中国僵尸企业的分布特征与分类处置［J］. 中国工业经济（3）：24－43.

黄婷，郭克莎，2019. 国有僵尸企业退出机制的演化博弈分析［J］. 经济管理，41（5）：5－20.

蒋灵多，陆毅，2017. 最低工资标准能否抑制新僵尸企业的形成［J］. 中国工业经济（11）：118－136.

蒋灵多，陆毅，陈勇兵，2018. 市场机制是否有利于僵尸企业处置：以外资管制放松为例［J］. 世界经济，41（9）：121－145.

蒋灵多，陆毅，张国峰，2021. 自由贸易试验区建设与中国出口行为［J］. 中国工业经济（8）：75－93.

蒋亚奇，2014. 基于多元 Probit 模型的上市旅游公司的财务预警［J］. 统计与决策（3）：181－183.

金祥荣，李旭超，鲁建坤，2019. 僵尸企业的负外部性：税负竞争与正常企业逃税［J］. 经济研究，54（12）：70－85.

孔繁成，谷梦圆，易小琦，2020. 僵尸企业成因与退出机制研究：基于晋升激励视角［J］. 经济评论（5）：137－151.

李秉祥,2005. 基于模糊神经网络的企业财务危机非线性组合预测方法研究 [J]. 管理
　　工程学报 (1)：19-23.

李平,竺家哲,2021. 组织韧性：最新文献评述 [J]. 外国经济与管理,43 (3)：25-
　　41.

李霄阳,瞿强,2017. 中国僵尸企业：识别与分类 [J]. 国际金融研究 (8)：3-13.

李晓燕,2019. 供给侧结构性改革下中国僵尸企业的识别研究 [J]. 经济体制改革 (3)：
　　194-200.

李晓燕,2019. 中国企业"僵尸化"的 SMOTE-SVM 智能预警研究 [J]. 软科学,33
　　(5)：77-80.

李旭超,鲁建坤,金祥荣,2018. 僵尸企业与税负扭曲 [J]. 管理世界,34 (4)：127-
　　139.

刘冲,周峰,刘莉亚,温梦瑶,庞元晨,2020. 财政存款、银行竞争与僵尸企业形成
　　[J]. 金融研究 (11)：113-132.

刘焱,2014. 生命周期视角下企业内部控制质量对投资效率的影响研究 [D]. 沈阳：辽
　　宁大学.

卢洪友,刘敏,宋文静,2020. 扩权能否抑制僵尸企业：来自"扩权强县"改革自然实
　　验的证据 [J]. 当代财经 (11)：38-49.

栾甫贵,赵静,2023. 我国僵尸企业的脱困重生机制研究：基于多元共治实践的组态分
　　析 [J]. 会计研究 (8)：61-72.

栾甫贵,赵磊蕾,2017. 我国钢铁业僵尸企业的识别及退出路径选择 [J]. 财会月刊
　　(21)：27-32.

毛其淋,王翊丞,2020. 僵尸企业对中国制造业进口的影响 [J]. 国际贸易问题 (10)：
　　17-30.

聂辉华,江艇,张雨潇,方明月,2016. 我国僵尸企业的现状、原因与对策 [J]. 宏观
　　经济管理 (9)：63-68,88.

彭洋,许明,卢娟,2019. 区域一体化对僵尸企业的影响：以撤县设区为例 [J]. 经济
　　科学 (6)：80-91.

乔小乐,宋林,戴小勇,2020. 僵尸企业与产能利用率的动态演化：来自中国制造业企
　　业的经验证据 [J]. 南开经济研究 (4)：206-225.

饶静,万良勇,2018. 政府补助、异质性与僵尸企业形成：基于 A 股上市公司的经验证
　　据 [J]. 会计研究 (3)：3-11.

邵慰,刘敏,2019. 僵尸企业的传染效应及作用机理 [J]. 中国科技论坛 (8)：60-

66，131.

申广军，2016. 比较优势与僵尸企业：基于新结构经济学视角的研究［J］. 管理世界
（12）：13－24，187.

申来津，张中强，2017. 供给侧结构性改革背景下"僵尸企业"的破产法应对［J］. 学
术论坛，40（4）：100－105.

宋彪，朱建明，李煦，2015. 基于大数据的企业财务预警研究［J］. 中央财经大学学报
（6）：55－64.

宋建波，苏子豪，王德宏，2019. 政府补助、投融资约束与企业僵尸化［J］. 财贸经济，
40（4）：5－19.

宋耘，王婕，陈浩泽，2021. 逆全球化情境下企业的组织韧性形成机制：基于华为公司
的案例研究［J］. 外国经济与管理，43（5）：3－19.

孙丽，2017. 日本处理僵尸企业问题的经验教训研究［J］. 日本学刊（3）：83－108.

孙晓琳，2010. 基于 Kalman 滤波和 BP 神经网络的财务危机动态预警模型研究［D］. 哈
尔滨：哈尔滨工业大学.

孙莹，崔静，2017. 中国僵尸企业的识别及预警研究［J］. 河海大学学报（哲学社会科
学版），19（5）：81－88，92.

谭语嫣，谭之博，黄益平，胡永泰，2017. 僵尸企业的投资挤出效应：基于中国工业企
业的证据［J］. 经济研究，52（5）：175－188.

田贵贤，谢子远，2023. 政企关系、市场竞争与企业绿色技术创新［J］. 江西社会科学，
43（4）：102－112.

汪涛，颜建国，王魁，2021. 政企关系与产能过剩：基于中国制造企业微观视角［J］.
科研管理，42（3）：46－60.

王海林，高颖超，2019. 僵尸企业对银行的风险溢出效应研究：基于 CoVaR 模型和社会
网络方法的分析［J］. 会计研究（4）：11－17.

王靖宇，付嘉宁，张宏亮，2019. 产品市场竞争与企业创新：一项准自然实验［J］. 现
代财经（天津财经大学学报），39（12）：52－66.

王守坤，2018. 僵尸企业与污染排放：基于识别与机理的实证分析［J］. 统计研究，35
（10）：58－68.

王万珺，刘小玄，2018. 为什么僵尸企业能够长期生存［J］. 中国工业经济（10）：61－
79.

王小川，史峰，郁磊，李洋，2013. MATLAB 神经网络 43 个案例分析［M］. 北京：北
京航空航天大学出版社.

王馨博，高良谋，2021. 互联网嵌入下的组织韧性对新创企业成长的影响 [J]. 财经问题研究 (8)：121-128.

吴军，2014. 数学之美 [M]. 北京：人民邮电出版社.

夏立军，陈信元，2007. 市场化进程、国企改革策略与公司治理结构的内生决定 [J]. 经济研究 (7)：82-95，136.

肖兴志，黄振国，2019. 僵尸企业如何阻碍产业发展：基于异质性视角机理分析 [J]. 世界经济，42 (2)：122-146.

熊兵，2016. "僵尸企业"治理的他国经验 [J]. 改革 (3)：120-127.

许和连，成丽红，2016. 制度环境、创新与异质性服务业企业 TFP：基于世界银行中国服务业企业调查的经验研究 [J]. 财贸经济 (10)：132-146.

许江波，卿小权，2019. 僵尸企业对供应商的溢出效应及其影响因素 [J]. 经济管理，41 (3)：56-72.

杨攻研，范琳琳，胥鹏，2020. "简政放权"与僵尸企业出清：以投资审批制度改革为例 [J]. 经济评论 (12)：1-15.

余典范，孙好雨，许锐翔，2020. 去产能、生产率与中国式"僵尸企业"复活：基于中国工业企业的证据 [J]. 财经研究，46 (7)：4-18.

曾皓，2020. 上市公司僵尸化困境预警研究：以制造业为例 [D]. 北京：首都经济贸易大学.

曾皓，赵静，2018. 僵尸企业、融资方式与信息透明度 [J]. 现代财经（天津财经大学学报），38 (11)：79-94.

曾皓，赵静，张征华，2018. 基于中国上市公司数据的僵尸企业投资效率研究 [J]. 商业研究 (6)：32-40.

张栋，谢志华，王靖雯，2016. 中国僵尸企业及其认定：基于钢铁业上市公司的探索性研究 [J]. 中国工业经济 (11)：90-107.

张峰，丁思琪，2019. 市场化改革对僵尸企业的抑制效应 [J]. 改革 (6)：135-146.

张季风，田正，2017. 日本"泡沫经济"崩溃后僵尸企业处理探究：以产业再生机构为中心 [J]. 东北亚论坛，26 (3)：108-118，128.

张亮，唐任伍，成蕾，2018. "僵尸企业"的成因、处置障碍与对策 [J]. 经济纵横 (2)：49-54.

张如锦，2018. 银行数据缺失下的僵尸企业演化模式分析 [D]. 北京：北京邮电大学.

张璇，李金洋，2019. 僵尸企业、退出行为和资源错配：来自中国工业企业的证据 [J]. 经济学动态 (3)：74-90.

赵思嘉，易凌峰，连燕玲，2021. 创业型领导、组织韧性与新创企业绩效［J］. 外国经济与管理，43（3）：42-56.

郑志来，2016. "一带一路"战略下供给侧结构性改革成因、路径与对策［J］. 经济问题（5）：7-11.

周辉仁，唐万生，任仙玲，2010. 基于递阶遗传算法和 BP 网络的财务预警［J］. 系统管理学报，19（1）：1-6.

周琳，冼国明，明秀南，2018. 僵尸企业识别与预警：来自中国上市公司的证据［J］. 财经研究，44（4）：130-142.

周茂，陆毅，杜艳，姚星，2018. 开发区设立与地区制造业升级［J］. 中国工业经济（3）：62-79.

周首华，杨济华，王平，1996. 论财务危机的预警分析：F 分数模式［J］. 会计研究（8）：8-11.

周围，2018. 基于遗传神经网络的中国新三板挂牌公司信息披露违规预警研究［D］. 北京：中国地质大学（北京）.

周夏飞，周强龙，2014. 产品市场势力、行业竞争与公司盈余管理：基于中国上市公司的经验证据［J］. 会计研究（8）：60-66，97.

周忆，张友棠，2019. 基于卡尔曼滤波的僵尸企业财务风险动态预警研究［J］. 财会通讯（23）：110-114.

朱鹤，何帆，2016. 中国僵尸企业的数量测度及特征分析［J］. 北京工商大学学报，31（4）：116-126.

朱舜楠，陈琛，2016. "僵尸企业"诱因与处置方略［J］. 改革（3）：110-119.

朱希伟，沈璐敏，吴意云，罗德明，2017. 产能过剩异质性的形成机理［J］. 中国工业经济（8）：44-62.

庄倩，陈良华，2015. 基于卡尔曼滤波的企业财务困境动态预警模型［J］. 统计与决策（24）：190-192.

卓越，王玉喜，2019. 僵尸企业识别标准的中国适用性检验与修正：基于中国工业企业数据的分析［J］. 经济评论（3）：123-137.

Ahearne A G，Shinada N，2005. Zombie firms and economic stagnation in Japan［J］. International Economics & Economic Policy，2（4）：363-381.

Albertazzi U，Marchetti D J，2010. Credit supply，flight to quality and evergreening：An analysis of bank-firm relationships after Lehman［R］. Working Paper.

Altman E I，1968. Financial ratios，discriminant analysis and the prediction of corporate bankruptcy [J]. Journal of Finance, 23 (4): 589 – 609.

Altman E I, Haldeman R G, Narayanan P, 1977. ZETA TM, analysis A new model to identify bankruptcy risk of corporations [J]. Journal of Banking & Finance, 1 (1): 29 – 54.

Andrews D, Petroulakis F, 2019. Breaking the Shackles: Zombie Firms, Weak Banks and Depressed Restructuring in Europe [R]. ECB Working Paper No. 2240.

Aoki M, Dinc S, 1997. Relational financing as an institution and its viability under competition [R]. Working Paper.

Arrowsmith M, Griffiths M, Franklin J, et al., 2013. SME forbearance and its implications for monetary and financial stability [J]. Bank of England Quarterly Bulletin, 53 (4): 296 – 303.

Banerjee R, Hofmann B, 2018. The rise of zombie firms: causes and consequences [J]. BIS Quarterly Review (9): 67 – 78.

Beaver W H, 1966. Financial Ratios As Predictors of Failure [J]. Journal of Accounting Research, 4 (1): 71 – 111.

Beaver W H, Mcnichols M F, Rhie J W, 2005. Have Financial Statements Become Less Informative? Evidence from the Ability of Financial Ratios to Predict Bankruptcy [J]. Review of Accounting Studies, 10 (1): 93 – 122.

Blum M, 1974. Failing company discriminant analysis [J]. Journal of Accounting Research, 12 (1): 1 – 25.

Bruche M, Llobet G, 2014. Preventing zombie lending [J]. Review of Financial Studies, 27 (3): 923 – 956.

Caballero R J, Hoshi T, Kashyap A K, 2008. Zombie Lending and Depressed Restructuring in Japan [J]. American Economic Review, 98 (5): 1943 – 1977.

Calderón C, Schaeck K, 2016. The Effects of Government Interventions in the Financial Sector on Banking Competition and the Evolution of Zombie Banks [J]. Journal of Financial and Quantitative Analysis, 51 (4): 1391 – 1436.

Chakraborty S, Peek J, 2012. Cherry – picking winners or aiding the distressed? Anatomy of a financial crisis intervention [R]. Working Paper.

Chang Q, Zhou Y, Liu G, Wang D, Zhang X, 2020. How Does Government Intervention Affect the Formation of Zombie Firms? [J]. Economic Modelling, 94 (C): 768 – 779.

Dai X, Qiao X, Song L, 2019. Zombie Firms in China's Coal Mining Sector: Identification,

Transition Determinants and Policy Implications [J]. Resources Policy (62): 664 - 73.

Deakin E B, 1972. A Discriminant Analysis of Predictors of Business Failure [J]. Journal of Accounting Research, 10 (1): 167 - 179.

Dickinson V, 2011. Cash flow patterns as a proxy for firm life cycle [J]. The Accounting Review, 86 (6): 1969 - 1994.

Fajgelbaum P D, Goldberg P K, Kennedy P J, et al. , 2020. The return to protectionism [J]. The Quarterly Journal of Economics, 135 (1): 1 - 55.

Fitzpatrick P J, 1932. A Comparison of the Ratios of Successful Industrial Enterprises with those of Failed Companies [J]. Análise Molecular Do Gene Wwox, 12 (3): 598 - 605, 656 - 662, 727 - 731.

Fukao K, Kwon H U, 2006. Why Did Japan's TFP Growth Slow Down in the Lost Decade? An Empirical Analysis Based on Firm - Level Data of Manufacturing Firms [J]. Japanese Economic Review, 57: 195 - 228.

Fukuda S, Kasuya M, Nakajima J I, 2006. Deteriorating Bank Health and Lending in Japan: Evidence from Unlisted Companies under Financial Distress [J]. Journal of the Asia Pacific Economy, 11 (4): 482 - 501.

Fukuda S, Nakamura J, 2011. Why Did Zombie Firms Recover in Japan? [J]. World Economy, 34 (7): 1124 - 1137.

Giannetti M, Simonov A, 2013. On the real effects of bank bailouts: Micro evidence from Japan [J]. American Economic Journal: Macroeconomics, 5 (1): 135 - 167.

Giroud X, Mueller H M, 2011. Corporate governance, product market competition, and equity prices [J]. The Journal of Finance, 66 (2): 563 - 600.

Gombola MJ, Haskins ME, Ketz JE, et al. , 1987. Cash Flow in Bankruptcy Prediction [J]. Financial Management, 16 (4): 55 - 65.

Haykin S, 2008. Neural network and learning machines [M]. Prentice Hall.

Hirata W, 2010. Financial market imperfections and aggregate fluctuations [D]. Boston: Boston College.

Homar T, Van Wijnbergen S, 2015. On Zombie Banks and Recessions after Systemic Banking Crises [J]. Cepr Discussion Papers, DP10963.

Hoshi T, 2006. Economics of The Living Dead [J]. Japanese Economic Review, 57 (1): 30 - 49.

Hoshi T, Kashyap A K, 1999. The Japanese Banking Crisis: Where Did It Come from and How Will It End? [J]. Nber Macroeconomics Annual, 14 (14): 129 – 201.

Hoshi T, Kashyap A K, 2010. Will the U. S. bank recapitalization succeed? Eight lessons from Japan [J] Journal of Financial Economics, 97 (3): 398 – 417.

Hoshi T, Kim Y, 2012. Macroprudential policy and zombie lending in Korea [R]. Working Paper.

Huang S, Peyer U, 2012. Corporate governance and product market competition [R]. Working paper, INSEAD.

Imai K, 2016. A panel study of zombie SMEs in Japan: Identification, borrowing and investment behavior [J]. Journal of the Japanese and International Economies, 39: 91 – 107.

Jaskowski M, 2015. Should zombie lending always be prevented? [J]. International Review of Economics & Finance, 40: 191 – 203.

Kane E J, 1987. Dangers of capital forbearance: the case of the fslic and "zombie" s&ls [J]. Contemporary Economic Policy, 5 (1): 77 – 83.

Kantur D, Say A I, 2015. Measuring organizational resilience: A scale development [J]. Journal of Business Economics and Finance, 4 (3): 456 – 472.

Kashyap A K, 2002. Sorting out Japan's financial crisis [R]. Working Paper No. 9384.

Klein R J T, Nicholls R J, Thomalla F, 2003. Resilience to natural hazards: How useful is this concept? [J]. Global environmental change part B: environmental hazards, 5 (1 – 2): 35 – 45.

Kwon H U, Narita F, Narita M, 2015. Resource reallocation and zombie lending in Japan in the 1990s [J]. Review of Economic Dynamics, 18 (4): 709 – 732.

Lee A V, Vargo J, Seville E, 2013. Developing a tool to measure and compare organizations' resilience [J]. Natural hazards review, 14 (1): 29 – 41.

Lin Y P, 2014. Zombie lending, financial reporting opacity and contagion [D]. Singapore: National University of Singapore.

Lin Y P, Srinivasan A, Yamada T, 2015. The effect of government bank lending: Evidence from the financial crisis in Japan [R]. Working Paper.

Mcgowan M A, Dan A, Millot V, 2017. Insolvency regimes, zombie firms and capital reallocation [R]. Oecd Economics Department Working Papers.

Mikolov T, Sutskever I, Chen K, Corrado G S, Dean J, 2013. Distributed representations of words and phrases and their compositionality [J]. Advances in neural information processing systems, 26: 3111-3119.

Miller D, Friesen P H, 1984. A longitudinal study of the corporate life cycle [J]. Management science, 30 (10): 1161-1183.

Miller D T, Ross M, 1975. Self - serving biases in the attribution of causality: Fact or Fiction? [J]. Psychological bulletin, 82 (2): 213-225.

Nakamura J, Fukuda S, 2013. What happened to "zombie" firms in Japan? Reexamination for the lost two decades [J]. Global Journal of Economics, 2 (2): 1-18.

Ohlson J A, 1980. Financial Ratios and the Probabilistic Prediction of Bankruptcy [J]. Journal of Accounting Research, 18 (1): 109-131.

Orand A M, Krecker M L, 1990. Concepts of the life cycle: Their history, meanings, and uses in the social sciences [J]. Annual review of sociology, 16 (1): 241-262.

Ota T, 2013. Forbearance and broken credit cycles [R]. Working Paper.

Ozkan N, 2012. Do CEOs gain more in foreign acquisitions than domestic acquisitions? [J]. Journal of Banking & Finance, 36 (4): 1122-1138.

Peek J, Rosengren E S, 2005. Unnatural Selection: Perverse Incentives and the Misallocation of Credit in Japan [J]. American Economic Review, 95 (4): 1144-1166.

Pennebaker J W, Mehl M R, Niederhoffer K G, 2003. Psychological aspects of natural language use: Our words, our selves [J]. Annual review of psychology, 54 (1): 547-577.

Rawdanowicz Ł, Bouis R, Watanabe S, 2013. The benefits and costs of highly expansionary monetary policy [R]. Working Paper No. 1082.

Sekine T, Kobayashi K, Saita Y, 2003. Forbearance Lending: The Case of Japanese Firms [J]. Monetary and Economic studies, 21 (2): 69-92.

Sharma S, Sharma S K, 2016. Team resilience: scale development and validation [J]. Vision, 20 (1): 37-53.

Shen G, Chen B, 2017. Zombie firms and over - capacity in Chinese manufacturing [J]. China Economic Review, 44 (C) 327-342.

Shumway T, 2001. Forecasting Bankruptcy More Accurately: A Simple Hazard Model [J]. Journal of Business, 74 (1): 101-124.

Soni U, V Jain, S Kumar, 2014. Measuring Supply Chain Resilience Using a Deterministic Modeling Approach [J]. Computers & Industrial Engineering, 74: 11-25.

Ueda K, 2012. Deleveraging and monetary policy: Japan since the 1990s and the United

States since 2007 [J]. Journal of Economic Perspectives, 26 (3): 177 – 202.

Watanabe W, 2011. Prudential regulations and banking behavior in Japan [J]. Japanese Economy, 38 (3): 30 – 70.

Webb E J, Campbell D T, Schwartz R D, et al., 1966. Unobtrusive measures: Nonreactive research in the social sciences [M]. Chicago: Rand McNally.

Wessel D, Carey S, 2005. For US airlines, a shakeout runs into heavy turbulence [J]. The Wall Street Journal, 19 (9): 1 – 16.

Zhang C, Chen Y, Zhou H, 2020. Zombie Firms and Soft Budget Constraints in the Chinese Stock Market [J]. Asian Economic Journal, 34 (1): 51 – 77.

Zmijewski M E, 1984. Methodological Issues Related to the Estimation of Financial Distress Prediction Models [J]. Journal of Accounting Research, 22 (1): 59 – 82.

图书在版编目（CIP）数据

经济高质量发展下"脱僵企业"返僵风险动态预警及"阻返"机制研究 / 曾皓著. -- 北京：中国农业出版社，2024.11. -- ISBN 978-7-109-32722-1

Ⅰ. F279.23

中国国家版本馆 CIP 数据核字第 2024FZ3578 号

经济高质量发展下"脱僵企业"返僵风险动态预警及"阻返"机制研究
JINGJI GAOZHILIANG FAZHAN XIA "TUOJIANG QIYE" FANJIANG FENGXIAN DONGTAI YUJING JI "ZUFAN" JIZHI YANJIU

中国农业出版社出版

地址：北京市朝阳区麦子店街 18 号楼

邮编：100125

责任编辑：何 玮　　文字编辑：李 雯

版式设计：小荷博睿　　责任校对：吴丽婷

印刷：北京中兴印刷有限公司

版次：2024 年 11 月第 1 版

印次：2024 年 11 月北京第 1 次印刷

发行：新华书店北京发行所

开本：700mm×1000mm　1/16

印张：9.25

字数：150 千字

定价：68.00 元